新媒体行业写作与推广108招

打造专业内容，成就企业品牌

▶ 陈志红◎著 ◀

中国纺织出版社有限公司 | 国家一级出版社 全国百佳图书出版单位

内容提要

在人们所从事的行业中，每个人都有可能接触到行业写作与推广。本书详细介绍了新媒体行业写作的相关知识，包括如何在写作中成就个人IP与企业品牌，如何定位行业、企业品牌、个人IP，如何丰富行业写作的素材，以及行业写作的方法与步骤等共十一章。拥有多年写作实操经验的作者用平实的语言将案例真实地呈现出来，介绍的方法与技巧可以让读者一看就懂，一学就会，实操性极强。本书适合每个想在自己行业里脱颖而出的人，包括传统企业老板、创业者、电商从业者、营销人员，以及对写作感兴趣的人。

图书在版编目（CIP）数据

新媒体行业写作与推广108招：打造专业内容，成就企业品牌 / 陈志红著. --北京：中国纺织出版社有限公司，2019. 10

ISBN 978-7-5180-6386-4

Ⅰ. ①新… Ⅱ. ①陈… Ⅲ. ①传播媒介—写作—教材 Ⅳ. ①G212.2

中国版本图书馆CIP数据核字（2019）第147220号

策划编辑：于磊岚　　特约编辑：周馨蕾
责任校对：高　涵　　责任印制：储志伟

中国纺织出版社有限公司出版发行
地址：北京市朝阳区百子湾东里A407号楼　邮政编码：100124
销售电话：010—87155894　传真：010—87155801
http：//www.c-textilep.com
E-mail：faxing@c-textilep.com
中国纺织出版社天猫旗舰店
官方微博 http://weibo.com/2119887771
天津千鹤文化传播有限公司印刷　各地新华书店经销
2019年10月第1版第1次印刷
开本：710×1000　1/16　印张：14.5
字数：172千字　定价：49.80元

Preface

前言

新媒体行业写作让你在行业中脱颖而出

一次与一个学员聊天，她告诉我，公司里一个写作的人可以抵得上 15 个业务员的业绩，其实，这只是刚刚开始，将来一定还会更好。一个人要想在行业内脱颖而出，新媒体行业写作是最好方法。我从大一开始写作，转眼十余年过去了，从自己写到指导别人写，见证了很多人、很多企业的成长。

互联网时代是内容创作者最好的时代，以前做销售，要么上门推销，要么到集市上进行面对面的沟通，这些销售方式沿袭了数千年。后来，有了收音机，有了电视机，大企业开始打广告。但这些平台，对于我们小企业或者个人来说，是可望而不可即的，因为门槛太高。我们需要寻找适合自己的舞台，找准突破口，慢慢发展壮大。比如，到比较偏远的、远离市区的地方，去展示自己，树立口碑，打造品牌。

网络时代让一切皆有可能，让每个人都成为受益者，都有平等的参与机会，当我们要寻找一个问题的答案时，搜索一下即可，这些信息来自哪里呢？并非自动生成的，是有经验、有见解的人分享出来的。

网络的核心是内容，包括文字、声音、图像等，最为直接的便是文字，文字就是我们这本书要说的新媒体行业写作。对于一个小微企业而言，要在线下脱颖而出很难，因为大企业有雄厚的资金承受广告的支出，但是在互联网上，大企业与小微企业往往在同一个水平线上。

比如，我们在百度上搜索，首页上的 10 个位置，有可能是大企业的，也有可能是小微企业的，只要我们用心去做，占满 10 个位置都有可能，这无关资金实力，只关乎内容，即新媒体行业写作。

说到广告，不少企业都会选择付费广告，但我和我的学员则研究出了免费的、更有效果的广告形式——新媒体行业写作。新媒体行业写作指的是依靠创作文字在行业里脱颖而出，具体来说，就是丰富行业知识，让更多人受益的同时，实现我们自身成长，成为行业的专家。

为什么要写作呢？这与传统意义上的写作不同，我们在网络上展示企业实力、展示产品、与客户沟通等，都需要内容，新媒体行业写作就是要把这些内容呈现出来，从而带来更多的流量与成长。

说到写作，很多人都担心自己的文笔不行，但对于新媒体行业写作而言，文笔不重要，重要的是用心，而且所写的内容都与我们的生意息息相关。比如，产品是如何生产的，如何发货的，如何包装的，这里面的很多细节我们都很清楚，所以，我们可以成为最好的行业内容创作者。

新媒体行业写作有助于我们打造品牌。在互联网上我们只需要在一个很小的地方，哪怕是一个社区做到做好，我们的品牌就会与众不同。

在互联网时代，写作传播的速度最快，在一个平台上，会有上千人、上万人看我们的文章，这相当于用最低的成本，将我们的业务展示给了更多人，成交的概率会更大，生意自然会更好。

当然，生意不是一天就能做好的，需要积累，新媒体行业写作亦如此，我们每多写一篇文章，就会多一些成交的机会。更为重要的是，文章的内容会一直存在，我们写得越多，积累得越多，客户就会越来越多。

新媒体行业写作让每个人都有机会做好生意。若是在线下，我们要去拜访一个大公司会很难，要进入一个高端的圈子也很难，但在互联网的世界里，只要我们愿意写作，就会有机会。网络上有很多的社区，我们的文章可以被推上首页，我们的搜索排名也有机会排在大企业前面。

借助互联网，只要我们有销售渠道，有销量，还可以帮大企业销售产品，从而获取利润。我的一些学员从零做起，实现销售额近千万元，只不过用了一两年的时间，在过去这是想都不敢想的事情。

网络时代是写作人最好的时代，如果你想了解新媒体行业写作，对企业网络营销、品牌、内容创作有兴趣，可以好好读读本书。本书是我心得的分享，因时间、经验的关系，或许还有不完美的地方，如果你有不同的见解，或者更好的观点，可以加我的微信 /QQ：838504315，一起交流，共同成长。

陈志红

2019 年 7 月 25 日

Contents

目录

第三章　如何定位行业，以及企业品牌、个人 IP

第四章　如何丰富新媒体行业写作素材

第五章　新媒体行业写作的方法与步骤

第八章 让个人与企业成为行业里的专家

第九章 新媒体行业写作在企业中用途更广

第十章 个人 IP 和企业品牌推动行业成长

第十一章 让新媒体行业写作与传播成为一种商业习惯

第一章

新媒体行业写作，让你在行业里拥有更多机会

第1招

有机会结交更高层次的朋友

每个人都希望能够结交到更高层次的朋友，因为高层次的朋友可以决定我们看到世界的高度，假如把我们自己比作一根绳子，那么，绳子与白菜、螃蟹绑在一起的价格是不一样的，与白菜绑在一起，绳子卖出的就是白菜的价格，与螃蟹绑在一起，卖出的就是螃蟹的价格，当然了，切不可喧宾夺主。

现在人们都普遍认识到人脉的重要，深知朋友的可贵，所以，会加入一些圈子，选择一些平台，其目的都是广结朋友。结交更高层次朋友的途径有很多，进行新媒体行业写作就是一个非常棒的方式。

每个人都有自己的行业，都会努力在自己所在的领域里有所作为，我们所要结识的高层次的朋友，大多是行业中的佼佼者，但他们不一定每个行业都擅长，比如，有些人善于经营工厂，但不一定懂得绘画；有些人精通演讲，但不一定懂得养生。我们只要深耕自己的行业，就一定会有机会。再比如，企业高管深谙管理精髓，却不太懂得绘画，可他又想学习，如果你在绘画领域很有建树，有一定的知名度，就有机会与这个企业高管结识，还有可能成为很好的朋友。

我建有一个群，群里的人都是做阿里巴巴生意的，有一个人在未加入群之前，就很想开店，但苦于不懂图片处理技术，加入我们这个群后，她努力自学，虚心向他人请教，渐渐地图片处理得越来越漂亮，同时，我还帮她定位，她的鞋子卖得就很好，图片处理得又漂亮，所以，我又建议她帮人处理图片。

这个女孩很勤奋，每天都会写文章，在文章中植入案例，将自己如何处理图片的过程、心得、感悟写出来，发到博客、QQ 空间、微信公众号，逐渐扩大影响力，现在有不少老板会指定找她处理图片。

口碑一旦做起来，就会有做不完的生意，与她合作过的生意伙伴都会将她推荐给更多的朋友，这不但使她的生意越做越好，更重要的是，有机会结识更多高层次的朋友。

不管你做的是什么行业，只要认真去做，并通过文章将你优秀的一面展现出来，就能获得更多的机会，哪怕看到你展示的人与你并没有业务往来，也可能成为推广宣传你的贵人，在他的朋友需要这项业务时，就可能将你推荐给他的朋友。总之，大家要记住一句话，只要你足够优秀，就不怕被人发现不了。

我的朋友螺丝哥，创办了宏亿螺丝公司，很久之前，他就开始写文章了，在网络上分享螺丝行业知识，螺丝网络营销技巧、经验，文章经常被推到一些大平台的首页，也经常获奖。所以，虽然他的企业不是螺丝行业中最大的一家，但仍然有很多螺丝行业中的大企业去拜访螺丝哥，跟他学习螺丝网络营销，在此过程中，很多合作便就此建立起来了。

螺丝哥今天能取得骄人的成绩，最重要的一个原因就是通过文章结识了更多高层次的朋友，开阔了眼界，获得了更多的合作机会，路越走越宽便是水到渠成的事情了。

有贵人帮忙，事业发展才会蒸蒸日上，我有一个学员写作本领很赞的，他做的是陶瓷生意，同时又会利用新媒体这个平台，所以他的企业起步就比别人高出一大截，一开始就跟可口可乐公司合作，客户一看连可口可乐这样的公司都找他做生意，就更加信任他了，都来找他做生意。

新媒体行业写作，可以让你在同行中脱颖而出，也许一开始我们只能从很多小社区、小平台做起，只要坚持，不懈地努力，就会有更大的平台等着我们去开拓，让更多的人看到我们，认识我们，让我们有机会结识更多的客户，更多的优秀同行，为我们事业的发展铺开更广阔的道路。

第2招

被更多人发现，带来更多人生机会

我有一个朋友擅长写代码，一直想进大公司，但始终未能如愿，因为学历不够，他只有初中学历，很多大公司都会要求本科毕业，这是硬性门槛。我们知道，其实很多时候能力与学历的关系并不是正比的，或许进行新媒体行业写作就是一个很好的独辟蹊径的办法，在避免这种被动局面的同时，还可以让我们获得更多的成长机会。

自古以来，擅长写文章的人前途大多会很光明，古代的时候，你的文章若写得好，并能得到他人的举荐，往往能得个一官半职，在过去，你是千里马，还得需要有伯乐才行。现在是网络时代，新媒体平台就是伯乐，只要你文章写得好，对一个行业有深入研究，你的机会就会很多，能为你持续地积累用户，为未来的发展奠定基础。

我有一个大学同学，最擅长的就是吃，而且还是那种无论怎么吃都不会胖的人，真让我们这些喝凉水都长肉的人羡慕嫉妒恨，她的人生梦想是吃遍天下美食。在学校上学期间，有空就会出去吃，还会用心地拍照点评，然后在博客上、微博上发表，居然成了大 V。后来，又接受了多家媒体的电视采访，现在很多商家请她去代言，花钱请她去吃、去点评，电视台也请她去参加点评美食类的节目。所以说，不管哪个行业，只要你热爱，并坚持去分享，在让自己获得成长的同时，还能获得更多的机会。

我从大学时期就开始写文章，当时大家都写散文、诗歌，因为我们学校有文学社，文学社会定期出杂志，杂志中就有散文、诗歌、小说这样的分类，我就挑选了写诗歌和散文这两大类。文学社里有一个女孩子，她不仅会写诗歌、散文，还非常喜欢做手工包，在她宿舍里有一台很小的缝纫机，依靠这台小缝纫机，女孩做了很多包，做完之后，拍照，上传到博客、QQ 空间，很快她的包包就会销售一空。她大学还没有毕业，就有很多人找她写文案，大学一毕业，直接被一家知名的箱包公司聘请过去了。

由此可见，当新媒体行业写作与兴趣爱好结合在一起的时候，往往能创造出更多的机会，如果这个女孩没有写文章，就不会有人知道她能做那么好的包包，她的包包自然也就销售不出去了。

在互联网时代，类似的成功例子有很多，有人因为写剧本，被高薪聘请到大公司，有人因为擅长绘画，被知名动漫公司挖去当主笔，这些人都有一个共同点，就是都以新媒体行业写作为起点。

我的很多学员包括我自己，都是通过写作成就自己的，我大学的时候去做家教，因为手中拿着大学征文比赛获奖证书，很顺利地就通过了面试。我的学员护栏姐，获得了阿里巴巴十大写手称号，获得了这个荣誉之后，背靠阿里这个大平台，使她获得了更多的流量与信任，销售额实现了质的飞跃。

当初阿里举行比赛，挑选上央视的企业，螺丝哥的企业就是在比赛中获胜，才有机会上央视，让更多的人知道了他和他的企业。

不管是企业还是个人，当决定进行新媒体行业写作时，就一定要坚持下去，写得多了，提升了自己，也有更多的机会被发现，尤其是在大平台上写作，大平台是很好的信任背书，借助它的力量，往往能更快速地成就自己。

内容创作带来更多订单

新媒体行业写作带给生意人最直接的好处就是订单，有订单就能产生利润，这也是我成立写作群，对我的学员进行一对一指导的最终目的。我的很多学员都有自己的工厂，他们写作的最主要目的就是通过文章扩大知名度，获得影响力，接到更多的订单，提高产品销售量。

我的学员护栏姐，每天都会写文章，一篇文章的价值有时可高达几万元，有一次，她将一篇有关护栏的文章发到今日头条上，第二天，就有人开着车跑了几十公里到她的工厂谈生意，这种信任不是看一篇文章就能建立起来的，之前，这个人就关注护栏姐有一段时间了，正是护栏姐持续地输出，才让客户逐渐建立起了信任，有源源不断的订单涌进来，支撑起一个拥有 100 多个工人的工厂。

类似这样的例子有很多，因为我主要在阿里巴巴上写文章，做阿里巴巴的指导，所以，我的学员大多是阿里的客户，他们都拥有自己的企业，希望能有更多的订单，在加入群之前，有的人都没有写过文章，进群之后，才开始写，每天进步一点点，销量也随之增加，逐渐从同行中脱颖而出。

如果你经常在阿里上发表文章，一定知道一个名人——桂花女王，听名字就能猜到她是在阿里巴巴上写有关桂花文章的，她开了阿里旺铺，但不知道如何经营。有一次，她参加了马云的诚信通推广会，便问马云做阿里为什么没有效果，马云便问她是否将阿里上的功能都使用了，都研究过了？

听到这话，她感到汗颜，因为自己确实没有做好，回去之后，她就开始研究，原来阿里上有一个功能叫博客，她便在博客上开始写文章，她靠写阿里博客成为了桂花女王，实现了年销量额千万元，成了名副其实的千万富翁。

2003年，王燕的种植基地遇上了虫灾，桂花苗木市场进入低潮，很多客户将采购目标改为大桂花树，而对小苗木不闻不问。一些桂花种植户纷纷砍掉桂花小苗木当柴火烧。听到这些信息，王燕感到非常心疼。“桂花的出路到底在哪里呢？”她在网上开了博客，将自己日夜思考的问题写在了博客上。

出人意料的是，王燕的博客很快就赢得了网友的热捧，点击率一路攀升，她被网友亲切地称为“桂花仙女”。网络接近零成本的低廉性和传播速度之快，让王燕重新看到了曙光，她不失时机地向网友推销了自己的日桂香苗木和桂花。

博客营销奇迹，她把桂花“洒”向全球

“实际上，自从开起了博客后，我是在从事博客营销。”王燕说，她很快收到了网友的订单。许多客户看到王燕的博客后，被她的桂花情结所感动，指名道姓要向她采购桂花苗木。

渐渐地，海外也有很多客户向她下了订单，她的桂花卖到了欧美等全球的十多个国家和地区。王燕终于迎来了事业上的春天。现在她已经拥有了遍布全国1000多亩的基地，并且准备开发桂花庄园旅游项目。

目前，已经有湖北、湖南、陕西、重庆、广西等地花卉种植企业和她联系好实施这一计划，甚至连国外风险投资者也开始关注桂花行业并派人来成都亲自考察。

王燕总结说，她能有今天的成功，主要得力于博客营销：“博客营销最大的优点就是成本小，速度快，范围广。”据悉，王燕每年的销售额达到数百万元，但是，她用在宣传上的成本，却只有数千元。王燕的独特成功模式，成为许多创业者研究的样本。

现在她依然在坚持写文章，即使写的文章不是关于桂花的内容，也会想办法将“桂花”两字巧妙地植入其中，目的是带上关键字，这也是我们行业人写文章应该学习的一个方法。

还有 PLC 放大板专家许立冲，说到许立冲做阿里，还应该感谢桂花女王，当年桂花女王靠写博客成为千万富翁，在阿里上出了名，阿里便把她的故事印在杂志上，用来推广诚信通。

2011年阿里巴巴优秀博客第一名获奖感言 原

管理▾

seolaoshi | 创建时间：2011年11月15日 09:25 | 浏览：1006 | 评论：55

标签： SEO老师随笔 SEO老师效果 日记随笔 SEO老师技巧

A⁻ A⁺

从得知获奖的那时我就想，获奖感言我应该写，而且必须写。一年以来，从阿里上我收获得太多太多。得到太多太多人的帮忙。假如没有他们的一直一直的支持肯定没有现在的我，一年前两手空的来到阿里，一年后可以得到优秀博客奖，我知道，这个奖是属于大家的。

2011年阿里巴巴优秀博客第一名，2011年阿里巴巴十大优秀写手总票数第二。不同的评委、不同的评奖方式。我懂得，他们选择的不只是文章的数量质量。在过去的一年里，好多好多人一直在鼓励我。其实，是我不聪明，任何人只要付出我一半时间，肯定会比我成长更多。

那时许立冲还在公司上班，诚信通的业务员在拜访他们老板后，便把写有桂花女王故事的杂志送给了他们的老板，许立冲上班时很无聊，随手拿起来看，大受鼓舞，也开始做阿里，并加入了我的群，成为我的学员，开始新

媒体行业写作。

其实我自己也是受益者，我用了一年的时间，获得了阿里巴巴优秀博客第一名的成绩。

这些故事听起来像传奇，但他们确确实实发生在我们身边，我自己最早也是靠文字来接单，上大学的时候，我在驾校做招生兼职，自己写招生广告，别人的文字都写得很生硬，我则从教练的角度来写，招到了很多学生。

无数的案例告诉我们：在互联网时代，新媒体行业写作只要坚持下去，就一定会有效果，当然，这个过程或许不是一朝一夕的，但随着积累的增加，效果肯定会越来越明显，越来越好。

第4招

在写作中实现自我成长

我在写文章时，常常会强调一个词——成长，成长对于任何人都是适用的，即便是很优秀的人，依然要成长，在提醒别人要成长的同时，也是在提醒自己。

一个销售机械的学员，她和她老公学历都不高，初中毕业，她老公是技术出身，她则对技术一窍不通，也不感兴趣，客户一问三不知，她老公又无法及时回复，所以，网络营销做得很辛苦。

她问我该怎么办，我建议她进行新媒体行业写作，她说自己没有信心，对产品不了解，我鼓励她从零做起，一点点地来。之后，她每天查阅资料，购买书籍阅读，经常泡在图书馆里研究。有了丰富的产品知识做铺垫，她的文章写得越来越好，越来越多，订单也随之增加，更重要的是，她开始喜欢上了冷冰冰的机器。

每个人都有自己的喜好，有时会本能地抵触一些事情，不得不做时，只能硬着头皮去做，所以，做得很辛苦，那我们不妨去转化一下，就像这个销售机械的学员，她虽然不喜欢机械，也不擅长写文章，但随着慢慢学习、成长、感悟，她对机械的了解也非常透彻了，这也是成功和成长呀。

上大学的时候，认识一个才女，不仅会很多乐器，文章也写得特别好，其实，她最初是不喜欢弹钢琴、弹吉他的，只喜欢写文章，她的妈妈给女孩一个承诺，只要她每天弹钢琴，写一篇弹钢琴的感受，写够200篇，就带她去旅游，一听到旅游女孩子立马兴奋了，所以就坚持弹，坚持写，才有了今天的成就。

不得不佩服这个女孩的妈妈，她妈妈知道孩子不喜欢乐器，但会演奏乐器，对人生是很有帮助的，所以，就想出了用写文章来诱导孩子学乐器的法子，边写边弹，边弹边总结，让她快速成长起来。

所以说，新媒体行业写作带给我们的不仅仅是订单，最重要的是一个人的成长，在写作的过程中，会让我们接触到更多新的知识，了解更多的细节，越成长就会越幸运，生意自然就会做得越来越好了，我的很多学员都走过了这个历程，从最初的门外汉到深入行业成为专家，都是通过文章成长起来的。

做同样的一件事，善于总结归纳的人，会比那些闷头工作几十年的人，成长的速度要快得多。大学刚毕业的时候，因为我善于写文章的缘故，被人推荐进了一家公司，这家公司有几百种产品，长宽高、内径外径高度各不相同，我慢慢地从中找规律，进行总结，如何做到规范化，并通过文字表达出来，很多做了十多年的老员工都不懂的东西，我却做出来了。

要想在一个行业里脱颖而出，就要深入这个行业，写作能帮助我们更好地了解一个行业，对一个行业有深入、透彻的认知，快速实现自我成长。

提高行业的社会位置与认可度

我们在介绍一个人的时候，经常会在他的名字后面介绍一串长长的获奖情况，如没有获过奖，则会介绍他是哪所名牌大学毕业的，若不是名牌院校毕业，就会介绍他优秀的经历。为什么要介绍这么多，目的是增加他的行业

位置与认可度。

这就像我们给孩子选择幼儿园，有些幼儿园，只要走进去，映入你眼帘的就是幼儿园简介，包括幼儿园的故事、领导视察的图片、幼儿园里走出去的名人、幼儿园的获奖情况等等，这样做的目的，也是为了提高家长对幼儿园的认可度。

所以，我们进行新媒体行业写作也要争取获奖，获奖之后把它展示出来，让更多的人知道你的实力与优秀。

王志强，一个销售按摩椅的行家，之前没写过文章，接触我们群之后，才报名进行了一对一的指导，开启了写文章之路。去年，阿里推出了阿里公众号认证，可以自己取名字，可以是头条达人，也可以是智库专家。要想获得这些头衔，可不是一件容易的事情，需要达到一定的要求方可。得知这个消息后，我立马让王志强去认证，他便第一时间将按摩椅、按摩椅厂家认证了，并且在名字下面打上了智库专家、头条达人的标签。

在阿里上销售按摩椅的人很多，但是能把按摩椅、按摩椅厂家这 2 个认证拿下来的人并不多，更别说加 V，得到阿里认证了。因为打造了行业专家的形象，所以，王志强的按摩椅销售情况非常好。

提高行业的社会位置与认可度，其实就是做品牌。具有同样能力的人，一个是研究生毕业，一个是本科毕业，去公司面试，公司往往会招研究生，因为研究生就是一个认可度，在社会上具有一定的地位。

所以，我们要努力写好文章，争取获奖，尤其是在大平台上脱颖而出，有了大平台背书，能大大提高我们的认可度。在互联网上做生意，信任度排在第一位，有了信任度才能促成成交，所以，认可度真的很重要。

在任何一个行业中，会写作的人都不多，而且写作成本又不高，所以，这对我们来说，是提高自己、获得知名度的一个很好的途径。万事开头难，不要一开始就奢望能在大平台获奖，先从小平台做起，一步步来，成功就不会太遥远。

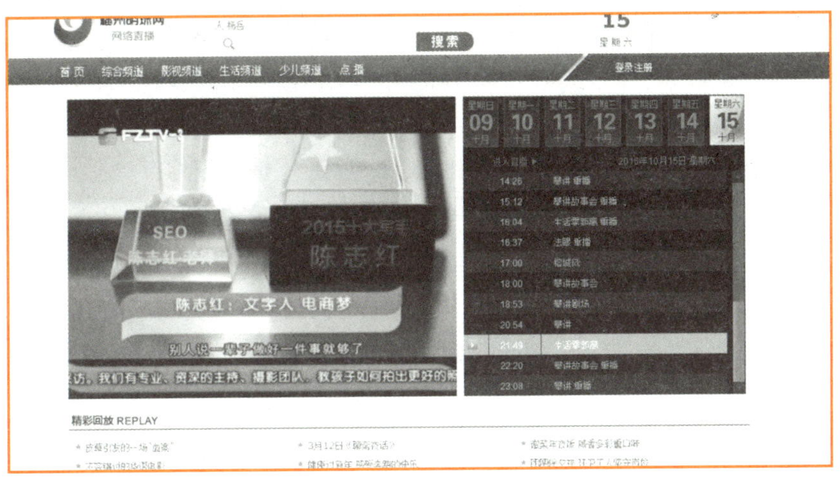

上大学时，认识文学社一个酷爱写诗歌的女孩，开始她写得也不是很好，但她因为喜欢，一直坚持写，后来收获了很多征文比赛的大奖，真是拿奖拿到手软。因为她骄人的行业位置与认可度，大学毕业后，很轻松地就通过了一家大公司的面试，获得了很好的职位。

所以，我一直鼓励我的学员，平台上有活动，一定要第一时间报名参加，参加的机会多了，才有获奖的可能，获奖之后，写文章发到店铺里，让更多的人知道，让更多的客户主动来找你，你的生意就会越做越好。

第6招

培养气质，拥有更多选择

读初中那会儿，经常听村里人说某家的女儿气质好，这个女孩当时在读大学，是个名副其实的学霸，她的弟弟正好与我同班，还是非常要好的朋友，我就问他：“怎么才能气质好呢？”他告诉我，每顿饭后贴墙站 10 分钟，少说话，挺直腰。现在一想起“气质”两字，我就会不由得联想到腰要挺直。

当然，培养气质的方法有很多，新媒体行业写作也能培养气质，而且这

种气质不仅表现在外表，更是深入骨子里的优雅。有些人长得漂亮，又会打扮，走到哪里都是一道亮丽的风景线，很有气质，但在遇到一些事情时，有的人会手忙脚乱，不知道如何处理，而有的人则能做到沉着、冷静，应对自如，并在短时间内将事情解决，相比之下，后者才是真正的有气质。

有一次，我请教了朋友（在阿里巴巴上销售筷子做到第一名）这样一个问题：如果大企业要采购我们的产品，他们提出要先提货，后打款，我们该怎么办？因为有的货款要追半年一年才能拿到，这会大大影响我们的资金回笼，还会遇到企业负责人更换的问题，货款就更难顺利入账了。

这个朋友一针见血地说，之所以会遇到这个问题，其核心就是我们没有订单，没有选择。如果我们有很多订单，可以选择优质的订单来做，就不会出现欠款久久要不回来的情况了。从那时候开始，我更加意识到品牌的重要性，更加懂得了新媒体行业写作对订单的意义。

我们为什么要进行新媒体行业写作，为什么要打造个人 IP，为什么要成就企业品牌，为什么要在行业当中脱颖而出？目的都是要让更多的客户找到我们，有更高的信任度，有更多的转化。当我们拥有了更多订单的时候，就不需要去跟同行拼价格，也不会去接有账期的订单，遇到先提货后付款的企业，我们可以理直气壮地拒绝，这就是气质。

之前，我谈到过有位帮老公销售机械的学员，她之前对行业、对产品都非常陌生，客户一问三不知，进行写作培训后，她逐渐懂得了很多行业知识，现在她在销售给客户产品的同时，还能给客户提供好的建议，帮助客户画机械图纸，甚至是远程安装，就连工程师解决不了的问题，她都能搞定，这就是气质。

还有一个销售按摩椅的学员，他说以前订单少，客户有什么要求，都委屈地答应，现在通过写作，扩大了知名度，找上门来的客户越来越多，忙都忙不过来，当然要选单做了，并且提高了定制的起订量。

新媒体行业写作，能帮助我们培养更多的气质，其前提是我们对产品足够了解，我们懂得解决更多的问题，我们有更多的资源，更强的能力，更多的订单。一个问题会有千万种解决方法，但我们总会在第一时间找到最佳的解决方案。

通俗地讲，气质的背后是实力、认可度的彰显，就像我初中同学的姐姐，她饭后贴墙站，只是气质的外在，内在则是她很会读书，上了重点的大学，每年都拿奖学金，这才是真正气质的所在。

腹有诗书气自华，是那位姐姐的气质；而懂专业，会经营，则是我们生意人的气质，在慢慢修炼的过程中，相信我们会拥有更多的选择，不仅是客户、订单，甚至包括整个行业的话语权。

第7招 在经济上有所收获

写作，一定要获得经济上的收益，有了收益，吃饱了肚子，我们才能潜心写作。能够把生活过好，这其实已经是写出的最好文章了。

有人曾问我：写作获得收益难吗？我告诉他没有想象中难，尤其是新媒体行业写作，只要你去做了，往往就会有效果。

我有一个朋友一直靠写作勤工俭学，每一篇文章都会投稿，后来杂志的编辑忍不住问他：为什么每篇都投稿，明明知道被选中的概率那么小。朋友说要勤工俭学，编辑便给他找了几个广告写，从那个时候开始，他赚得了第一笔通过写作获得的收益，也有机会接触到了更多的题材，将写作的范围扩大到了其他领域，现在他已经通过写作，购买了两套房子。

任何一个行业要想做好，都不是一朝一夕的事情，不积跬步无以至千里，积累是写作必须要经历的过程，通过写作获得收益的方法有很多，重要的是找到适合你自己的方法。

我一毕业就到了工厂，之后又开始在阿里巴巴上写文章，我的很多学员也有自己的工厂。我一直觉得销售才能让写作具有真正的价值，也是真正的高附加值。有兴趣的朋友可以看一下我已经出版的图书《写作，打造个人 IP，成就企业品牌》，这本书的第一章就讲到了如何让写作更有价值。

我们做生意，要与哪些企业合作，才能更有前途呢？传统工厂、传统企业，尤其是 B 类产品的生意。护栏姐从年轻的时候就跟老公一起销售护栏，转眼十几年过去了，她依然在做护栏生意，这才是真正的生意，一做就是一辈子，才能真正把产品做好，才能在一个行业里扎根。而且她还一直坚持写作，这对她工厂的成长起到了极大的促进作用。当初她报名参加我的写作班时，护栏姐刚搬了新厂，还担心业务量不够，现在才两年时间，新厂都已经扩建了，成了产业圈里最大的护栏工厂。

护栏姐的经历告诉我们一个道理：做生意要靠积累，新媒体行业写作也要靠积累，不是一朝一夕就能取得巨大成就的。刚开始写文章的时候，可能写了 5 篇、10 篇，都看不到效果，说不定写了三个月才接到一个咨询电话，可当我们写了 500 篇、1000 篇的时候呢？咨询量就会很大。

只要会写作，哪怕你没有工厂，没有产品，同样可以将产品销售出去，我的一个学员因为她家的橘子滞销，便写了一篇文章，发到了一个大论坛里，连她自己都没想到，滞销的橘子竟然卖出去了。之后，她便一发不可收拾，第二年继续卖橘子，第三年开始销售各种各样的水果，因为她有很多老客户，带动之后，就会有源源不断的新客户进来，生意一下子就做起来了。

写文章可比做广告吸引人多了，当你吸引到足够多的眼球时，还会愁没有生意做吗？

实现更高的人生价值

什么是人生价值？有人说是自我成长，有人说住更大的房子，开更豪华的车，也有人说帮助更多的人，这些说法都有道理。一个人具有多大的人生价值，没有衡量的标尺，因为每个人所在的行业、位置不同，所发挥的作用也不同，有将军，有士兵，将军的价值就是把决策做对，士兵的价值就是出色地完成将军交给的任务。

作为一名新媒体行业写作的写手，要实现更高的人生价值，就要做到以下三点：

1. 实现自己的梦想

人一定要有梦想，有些梦想可能努力一下就能实现，有些梦想坚持5年、10年，甚至一辈子才能实现，也有的梦想可能一辈子都实现不了，但可以肯定的是，每个执着追梦的人，即便最终梦想没有实现，自己也一定走过了一段很远很远的路。

我的学员中有很多人的梦想是通过写作让企业成为同行业中的领军者，或者让自己的公司上市，有些人已经实现了自己的梦想，有些人还在执着地走在实现梦想的路上。不管怎样，他们每天都在成长，都在不断地接近梦想。梦想是一个人前进的方向，它会指引着我们一直向前。

2. 帮助别人

乐于助人是中华民族的传统美德，作为炎黄子孙，我们一定要继承和发扬乐于助人的精神，于自身而言，我们最该做的事情就是帮助客户，帮助同行。

通过新媒体行业写作，提高我们的业务水平，给客户提供及时的帮助，比如，客户不清楚如何通过网络购买产品，我们可以把购买流程写出来，放在我们的店铺里，让客户一目了然，节省了咨询的时间；在客户不懂得机械维修时，我们可以指导他们如何去做。

我们有多年的经验，应该将自己的宝贵经验总结出来，分享给同行，帮助同行更快地成长。

3. 推动行业的发展

很多行业都发展了几十年，甚至上百年，但依然有些墨守成规、亟待改进的地方，尤其是手艺人、传统的手工行业，我们应该促进这些行业的发展，比如，做餐点的饭店，工人需要每天很早起床来包饺子，现在有了饺子机，速度就快多了；之前收割稻谷要用人工，现在有了机器，效率得到了大大的提升。也许我们研究不出新机器，但我们可以为新机器做推广，为行业普及做贡献。

PLC 放大板专家许立冲，他经常在网络上分享各种技术，帮助了不少行业外的人，同时也分享了很多 PLC 放大板文章，帮助了同行业的人，如今他还研究出透明外壳的 PLC，推动了整个行业的发展。因为营销做得好，许立冲的企业也成为了国内三大 PLC 放大板制造商之一，他自己也实现了财富

梦想。

所以，做新媒体行业写作的人，一定要先定好自己的努力方向、目标，然后脚踏实地地去执行，这样既可以获得更多的订单，又能让我们实现更高的人生价值。

第9招 坚持下去，人生可以一直有积累

我的老家是德化，陶瓷的产业带，中国瓷都，有许多非常优秀的企业。等我长大了，我渐渐明白一个道理，任何东西都是积累而来的，别人把工厂做那么优秀，也不是一夜之间的事情，肯定在此之前付出了很多很多的努力。

当我们看到那些坚持新媒体行业写作的人成功时，是不是很羡慕呢？可你知道他们背后有多么努力吗？

我有一个学员是做吸塑包装生意的，她是一名业务员，开始新媒体行业写作之后，她经常会发很多信息，留下她的电话号码，每天都如此，这项工作她做了3年多，业绩一直位列三甲，后来她辞职了，想换一个行业，不想再做吸塑包装生意，可依然会有很多新客户打电话给她，她原本打算边接吸塑包装业务边找工作，找到新工作，再彻底不做吸塑包装业务了，但电话并没有因为时间的推移而减少，尤其是到了旺季，电话更多，思来想去，她决定重操旧业，找了一个吸塑包装工厂，开始了自己的创业之路，并继续坚持新媒体行业写作。

之前，我讲过我的一个朋友在大学期间靠赚取稿费勤工俭学，现在他的订单多得忙不过来，这都是多年积累的结果。总之，只要我们坚持新媒体行业写作，文章就会一直保存在网络中，客户随时都可能看到，与我们联系，同时，我们的文笔也在每天进步一点点。

我认识一个女孩子，从小就贪玩，她在单亲家庭中长大，她的妈妈对她要求很严格，一定要让她学钢琴，女孩很痛苦，有一次女孩将自己锁在房间里，以此来逃避学钢琴，她妈妈竟然连门都给拆了，也一定要她去学钢琴。

读小学时，女孩已经可以到各地去参加比赛、参加表演了，她获得了很多大奖，让她有了十足的成就感，她渐渐地发现自己已经喜欢上钢琴了，不再需要妈妈的逼迫，自己就能主动去上课。

当女孩钢琴考过十级时，女孩的妈妈开心得像个孩子似的又蹦又跳，女孩问妈妈为什么这么开心，妈妈说，人家都说你太好动，静不下来，现在你能把钢琴弹得这么好，就说明你可以做好任何事情，果不其然，女孩现在已经非常优秀了，超越了很多人。

十年磨一剑，当我们静下心来，认认真真地坚持做一件事情时，哪怕一开始你并不擅长，并不喜欢，也一定能慢慢做好，客户在传承，技术在传承，优秀也在传承。有一句赞美德化的话是这样说的：中国瓷都，窑火千年不熄。当然，千年不熄的还有世代流传的精神。

我们进行新媒体行业写作，也要写一辈子，积累一辈子，不要把写作看成是几个月的事情，要积累几十年，到那时我们一定会变得非常强大。

第二章

在写作中成就 个人IP和企业品牌

第10招

IP是人脑中的资源，也是自然界的资源

IP 是英文 Intellectual Property 的缩写，本意是知识产权，但在商业与资本的世界里，这个词已经得到了无限的延伸。现在的 IP 是指可供多维度开发的文化产品，可以是大家耳熟能详的名人轶事、风土人情等，比如三打白骨精、西游记、司马懿、长城等。

由于 IP 是人脑中的资源，也是自然的资源，所以，我们在打造方向时也应该先使用它，比如，我们在写文章时，如果在标题上加上“司马懿”三个字，往往就会吸引更多人点开看，因为在大家的头脑中，“司马懿”这三个字是 IP，人们一看到就会有反应。如果我们要让人们记住一个不存在于大脑中的词，往往需要一遍遍的广告、多维度的广告，所以，一定要用好 IP。

平常我们看到的书中的名人故事、出版解说名人的图书，以及电视台播放的解说名著节目，都非常火，这就是 IP 应用的最好见证。

我们群中有销售男装的学员，也有销售陶瓷的学员，他们都从产业带进货，一开始销售得非常辛苦，我告诉她们一定要好好地利用产业带这个 IP。后来，这个卖男装的学员去石狮注册公司，销售陶瓷的去湖州注册了公司，因为在大家的头脑中，都会有这样的认知——要批发产品，尤其是大批量采购产品时，最好要找厂家，最好要找产业带。

比如，采购批发男装时，我们往往不会在搜索栏里直接输入“男装”，而会搜“石狮男装”，或者“石狮男装厂家”。要找陶瓷厂家，也不会直接搜“陶瓷”，而是搜“德化陶瓷”。那么，公司在产业带，就会有很多流量与信任度了，这就是 IP 的力量，一定要好好使用。

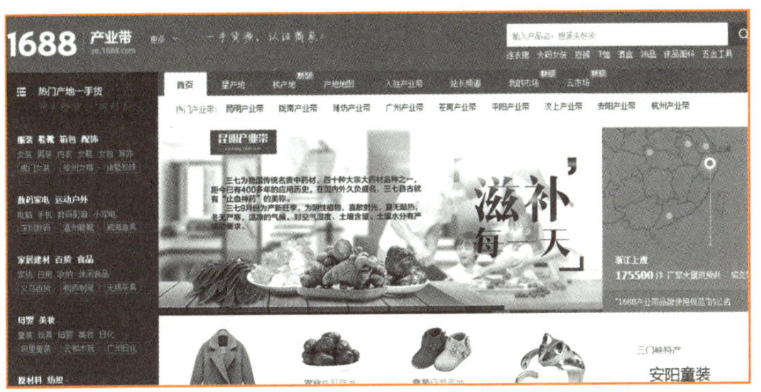

护栏姐就在护栏的产业带新乡，她加入我的学习群后，我给她定的第一个目标就是先把“新乡护栏”，“新乡护栏厂家”这两个关键词拿下来，这就是 IP，大家买护栏一定会去新乡，而新乡有几千家护栏厂家，怎么才能让客户找到你，要在客户搜索的时候第一眼就看见你，其关键就是“新乡护栏”，“新乡护栏厂家”这两个关键词，做好这两个关键词之后，流量与生意随之而来。

大家一定会对赶集网的一个广告印象深刻，姚晨骑着毛驴在赶集。这个广告效果很好，播出之后，流量就涨了一倍。广告的策划人叶茂中说，当初拿到这个广告时，他就在想，自然界有什么东西，我们是可以用的。后来他想到赶集，想到阿凡提，想到阿凡提就想到毛驴。这么一搭配，大家就记住赶集网了，也容易传播了。

IP 有很多好处，而且有很多 IP 是免费的，所以，我们在做生意时，一定要好好利用，特别是在进行新媒体行业写作时，利用好 IP，就能取得良好效

果，同时，我们个人也要努力成为 IP，打造一个明星 IP。

第 11 招

IP，容易记忆和传播，效率可以最大化

在打造个人 IP 之前，我们首先要学会使用 IP，为什么要使用 IP 呢？因为 IP 容易记忆，有很高的认可度，传播效率可以最大化，它根植于人们的脑海中，不需要宣传。

比如，说到陶瓷，人们就会联想到德化；说到北京，就会联想到长城；说到批发，就会想到找厂家；说到批发平台，就会想到 1688；说到三国，就会想到诸葛亮，因为喜欢诸葛亮，所以影片中出现诸葛亮的电影都会看。而如果没有 IP，即使你做得再好，也可能无人知晓。

有新媒体行业写作经验的人都知道，同样的付出，因为名字不一样，就可能出现相差几十倍的效果，具备同样实力的公司，不同的公司名，在同一个平台上销售，同样的方法，效果也会是千差万别的。

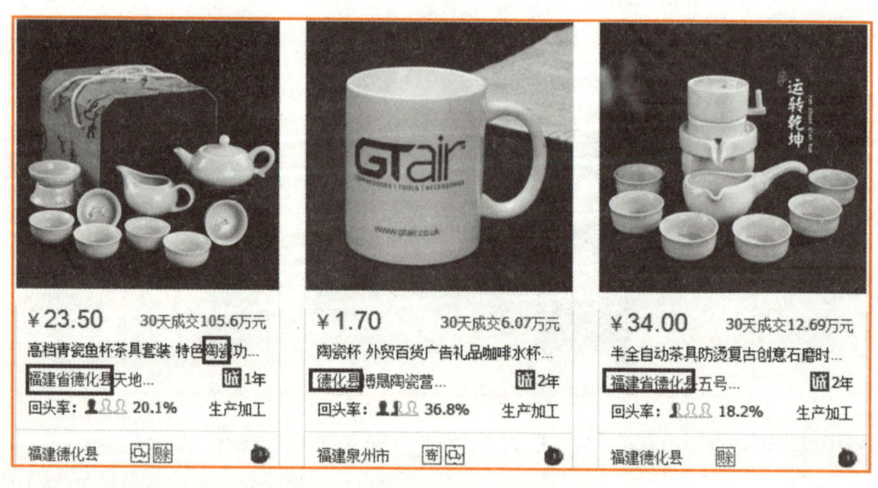

我的工作就是指导人们如何做阿里巴巴，对学员进行一对一、手把手的

指导。我的很多学员都有工厂执照，若没有，我会教他们从选行业、取名字、办理执照开始，并嘱咐他们办理执照一定要办工厂执照，一来成本低，二来大家习惯性地会去找工厂。

群里有一个灯姐，销售的是LED灯、小夜灯、感应灯等，做到了阿里行业推荐第一品牌，她有公司也有工厂，同样是在阿里上开店，但工厂的销售额要比公司的销售额多10倍以上，尽管都是一样的做法。

在IP火起来之后，我们会发现很多电视剧、电影都与IP有关，关于诸葛亮的，关于司马懿的，关于孙悟空的等等，此类影视作品一拍出来，不管拍得怎么样，流量都会不错，而且很容易传播，因为大众对这些人物都很熟悉，虽然理解不同，但依然能讨论到一起。

再有，人们都会爱屋及乌，比如，喜欢诸葛亮这个人物，就喜欢玩与诸葛亮有关的游戏，甚至会把诸葛亮的画像贴在墙上，既然如此，是不是带有诸葛亮的陶瓷，人们也会喜欢呢？只要我们能对诸葛亮这个IP锦上添花，大家都愿意接受。这就像很多演员都希望扮演一次古代的名人一样，比如扮演武则天，来打造IP，深入大家的情感、记忆中，就会有很多流量，很多信任度。

相信很多人都去过海底捞，海底捞的logo上有一个hi和一个小辣椒，为什么会这样设计呢？因为hi用的频率很高，见面的时候，我们打招呼会说hi，下班后，我们也会和同事说，一起去hi一下；想到小辣椒，我们肯定就想到吃辣，想到火锅，而海底捞是超好吃的四川火锅。

我有一个老乡，也是生产陶瓷的，他在打造IP的同时，还会去国外购买IP，把一些我们熟悉的动画片里主角的形象、名字，都买回来，然后与他的陶瓷结合在一起，他的产品销售得特别好。

所以，我们一定要善于使用 IP，同时也努力将自己打造成知名 IP。

第12招

个人IP，可应用降维，成本相同，效果倍增

IP 有很多分类，有个人 IP、企业 IP、动画 IP、景点 IP、故事 IP、名著 IP 等等，对于做生意、做阿里巴巴的人来说，个人 IP 与企业 IP 最为重要，在打造个人 IP 时，一定是以个人 IP 为切入点，个人 IP 做好了，做好企业 IP 会很容易。

打造个人 IP 的重点是降维，具体来说，就是不需要与大企业直接对比，可以做自己。有一个生产、销售洗衣粉的学员，他是从其他行业转行到这个行业的，虽然产品生产出来了，但销量一直不高，因为在大家的头脑中，有太多名牌洗衣粉了，要购买洗衣粉，肯定会购买大品牌，不会购买不知名的洗衣粉，该怎么解决这个问题呢？

我建议他打造个人 IP，一定要用降维的角度来销售。首先，他去一些乡镇集市上去销售，因为这些地方的人们更关注质量与优惠价格，有了一定销量后，开始做网络、做内容，其中有很多用于推广的素材都是从集市销售中得来的，继而招代理，先是招三线城市的代理，之后是一线城市代理，再与其他企业合作，进行会议销售，他自己接受线上线下的采访，将自己的个人 IP 打造起来。

以上案例就是降维的典型应用，降维具体表现在三个方面：

1. 当榜样

我们在销售产品时，一般都想着把产品销售出去，所以，一开始的时候并没有品牌，当看到很多大公司都有自己的品牌后，我们也会给产品取一个品牌名，不过，因为知名度不够，消费者还是会选择大品牌。

当我们听朋友说，某个行业的某家公司做得很好时，往往不会有触感，因为这个世界上比它大的公司有很多，但要是说，这个公司的老板与我们同

龄，我们就会有感触，若再加上一句：这个老板，周末会来这个城市开会，要不要去听一下？我相信，只要有空，我们都会去的。这就是榜样的力量，IP 也是榜样。

2. 有信任

为什么我们会购买大品牌的产品，因为在电视上经常看到该产品的广告，而且我们身边的人都在使用这个品牌，即便是刚推出的产品，有了电视台的背书，也会增加信任度。

当一个陌生的品牌出现，我们不怎么信任它，尤其是当它与大品牌放在一起时，比如去超市购物，肯定会选择大品牌，但是当我们见到这个产品的创始人本人，听了他的故事后，情况就大不相同了。

作为刚刚起步的生产厂家，一开始可能没有素材可写，我们也不清楚经营模式对不对，产品的反馈怎么样，所以，要先测试，包括定价、外包装等，慢慢摸索，等着消费者真的接受以后，这些都可以成为新媒体行业写作的素材。因为都是亲身经历，所以，文章一定能写好，东西也能销售好，并能够提高消费者的信任度，进而相信我们的模式，相信我们的产品。当然，证件检测等素材一定要齐全。

3. 百花齐放

人们都喜欢对比，产品之间会对比，创始人之间也会对比，实际上，产品与人都是无法对比的，只有产品有广泛的知名度，有自己的品牌，我们的产品不用比，就已经具有竞争性了。人更是无法比，有人喜欢围棋，有人喜欢高尔夫，不同的兴趣吸引不同的人群，华山有华山的美，泰山有泰山的美，甚至他们一年四季的美都不同。所以，当我们以个人 IP 出现时，就不需要与别人比，因为每个人都有自己的美丽，正因为如此，不管是大众产品还是小众产品，都有市场，都会成长，百花齐放春满园。

在一个行业里，虽然有大品牌的产品存在，但我们小众品牌也有存在的空间，世界很大，总有很多边边角角的地方，尤其是在互联网上，虽然有很多大平台，但小平台同样有存在的理由，而且说不定小平台的利润比大平台的利润还高。就我们自身而言，一个人的企业赚到的利润或许比大企业还多。

因此，通过新媒体行业写作打造个人 IP，是很好的脱颖而出的方法，就

像聚美优品的陈欧，流行的陈欧体带领整个平台走到了行业的前列。

第13招

个人IP，可以获取独一无二的资源

为什么要打造个人 IP，除了降维，还可以获取很多独一无二的资源，具体表现在三个方面：能移动，能交流，特殊资源。

1. 能移动

我经常鼓励我的学员们，让他们走出去，这样才能有更多的素材，尤其是一些重要的场合、会议，比如争取在行业的年会上、阿里的年会上获奖，与名人合影，从而获得更多的信任背书。

打造个人 IP，个人在很大的程度上代表的是产品。如果我们用企业的操作方法，让产品找明星代言，这当然好，但费用很高，可能我们暂时承受不起。当然，明星也不太可能会代言我们这些不知名的产品。

当我们打造个人 IP 时，虽然不能拿着产品与明星合影，但我们本人可以跟明星合影，这与产品代言相比，成本会低很多，也会简单很多。

如果我们能够在大平台上获奖，尽管获奖的是我们自己，不是产品，但对产品的销售会有推动作用，我们尽量要多选择一些平台，与更多的名人合影，从而提高自己的知名度与信任度。

这就是打造个人 IP 当中的“能移动”的含义，产品是静止的，人是活动的，虽然不能拿着产品到处去宣传，但我们要让别人知道自己是销售什么的，当他们有需要时，就会来找我们购买，我们本身就等于移动端的产品广告。

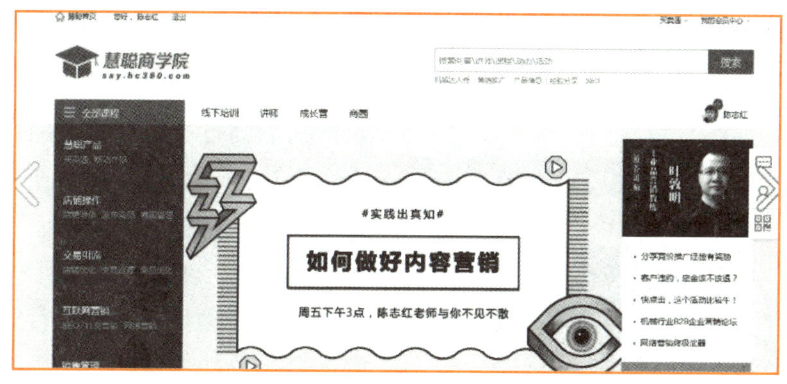

2. 能交流

之前推广产品，只需要铺天盖地的广告即可，老板自己不需要走到公众的面前，但随着行业竞争越来越激烈，有了微博之后，很多企业的老板开通了微博，因为打造 IP，让传播的成本降低了，有些时候发一条微博要远远强于别人做很多的广告，因为广告是单向的，微博却可以互动，互相传播。

个人 IP 给我们提供了更多的交流机会，我们可以发表对行业的观点，最近看了什么书，有怎样的感想，尤其是与自己行业有关的热点新闻，可以与同行进行互动，通过交流可以让我们结识更多的朋友，说不定，他们有需要的时候，就来找我们了。

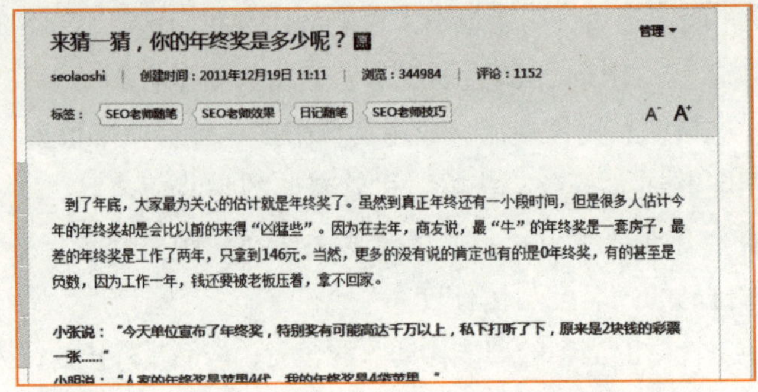

来猜一猜，你的年终奖是多少呢？

seolaoshi | 创建时间：2011年12月19日 11:11 | 浏览：344984 | 评论：1152

标签：SEO老师随笔　SEO老师效果　日记随笔　SEO老师技巧

到了年底，大家最为关心的估计就是年终奖了。虽然到真正年终还有一小段时间，但是很多人估计今年的年终奖却是会比以前的来得“凶猛些”。因为在去年，商友说，最“牛”的年终奖是一套房子，最差的年终奖是工作了两年，只拿到146元。当然，更多的没有说的肯定也有的是0年终奖，有的甚至是负数，因为工作一年，钱还要被老板压着，拿不回家。

小张说：“今天单位宣布了年终奖，特别奖有可能高达千万以上，私下打听了下，原来是2块钱的彩票一张......”

虽然产品千千万万，但好看的产品千篇一律，有趣的老板万里挑一。个人 IP，让我们在交流中展示自己，在交流中完成销售。

3. 特殊资源

特殊资源为 IP 专属，在阿里上卖产品的同行有很多，商家要采购肯定会对比，我们如何在商家的对比中脱颖而出呢？

在阿里上阿里社区、阿里专栏、阿里圈子等栏目，新媒体行业写作的人必须要做这些栏目，因为每写一篇文章就可能有 5 万、10 万的流量，而要在搜索位置获得 10 万流量太难了。我有一个学员写了一篇文章就招到了 500 个代理，这篇文章不是营销广告而是创业故事。

如今的互联网平台，很看重个人 IP，会给个人 IP 一定的流量，现在有不少人在慧聪网上做生意，我也在慧聪上录制课程，有一个课程被推荐到首页，获得了十多万的流量。

这说明打造个人 IP，会让我们有更多的机会，特别是有了互联网之后，让我们有更多的机会与大企业站在一起。

第14招

品牌的特点：独一无二，容易传播、记忆、转化

从我在阿里写文章开始，就一直在强调品牌的作用，这里的品牌可以是企业品牌，也可以是个人品牌，只要想把生意做大，品牌就是最好的出口。品牌具有很多优点，主要体现在三个方面：独一无二，容易传播、记忆、转化。

我对学员的指导从选择行业、定位、取名字开始，其核心一定是做品牌，这也是我的学员从众多同行中脱颖而出的关键。走在繁华的街道上，我们能看到很多知名的品牌店，店铺里人头攒动，而开在品牌店旁边的同行生意却非常冷清，这就是品牌效应。

为什么不同的名字竟会导致在销售上有这么大的差异呢？我们能不能用他人的名字，或者是相近的名字呢？不可以，因为这些名字都注册过商标，受法律保护。这提醒我们在进行新媒体行业写作时，要取好名字，然后进行商标注册，通过后，打上 R 标，就不用担心别人使用了。

做生意，讲究收益与成本，我强调做品牌，其实也是为了减少成本。每个品牌都会进行形象设计、logo 设计，设计好之后，即使我们卖千万种产品，在做广告的时候，也不需要把所有的产品都放上去，只要放个 logo 就可以了，大家看到 logo，就知道是什么产品的广告了。

比如，我们在参加一些活动时，是无法把产品图片放上去的，甚至放个公司名字都很难，而放个 logo 就很简单了，成本也很小，还可以把 logo 放到袋子上，甚至是胶带、筷子上，不仅成本很小，还容易传播、记忆，甚至是转化。

这就是我为什么一直提倡做品牌的原因，因为成本很小，花一样的成本，效果却会是几十倍的转化。

假如有一天我们去沙漠或者渺无人烟的地方游玩，心里肯定会紧张、担

心，可若是在那里看到一家肯德基的店面，心里肯定会产生安全感，这就是信任度转化。

我告诉我的学员进行新媒体行业写作时，一定要多放图片，多写文字，多获奖，这就是品牌的信任度转化。因为我们信任一个人，信任一个品牌，他会给我们带来安全感，自然就会购买这个品牌的产品。

以我自己为例，我喜欢穿卡宾的服装，这款服装是福建人设计的，很有亲近感，所以，我的裤子、鞋子、袜子都是这家店购买的，不需要挑选，直接购买，这就是品牌的效果。

有一个做女装的学员，他有实体店做批发，但没有名字，有时也会在网络上销售，但销量不高，我告诉他要打造品牌之后，他取了名字，注册了商标，给实体店做了大招牌，实体店是网络的素材，附近的人可以直接去店里提货，在互联网上购物的人看到有实体店，也会放心购买，并且品牌还容易得到传播。

总之，我们一定要做品牌，不管是企业品牌还是个人品牌，因为品牌的独一无二特性，就注定了它对产品的营销一定会有很好的推动作用。

第 15 招

品牌价值既可以增值，又可以扩大经营，成就企业

做品牌的人一定听说过一个词——品牌价值，一个品牌的价值是不可估量的，就是一把火将一个公司烧掉了，只要它的品牌还在，很快就能东山再起，因为大家依然认可它的产品，只要它有产品，很快就能畅销。

每个品牌都有其价值，我们常说的大品牌与小品牌，其实指的就是品牌价值的大小。比如，我们刚开始注册的时候，品牌价值为 2 万元，新媒体行业写作之后，品牌价值就变成了 2000 万元，因为每次广告、每次写作，都是为品牌加分，小品牌就逐渐变成了大品牌。

我有一个学员是做设计的，她的设计做得很好，写的文章也很用心，大

家经常帮她推广。有一天，她告诉我，她家人种了很多水果，卖不出去，问我该怎么办，我建议她先写一篇正式一点的文章，发到QQ空间，肯定会有很多人来购买。

然后，我将她写的那篇带有很多图片的文章，发到了我们的群里，因为她的人缘很好，群里的很多学员都帮她转发，最后她的水果全都卖了出去，这就是品牌。如果是陌生人，让我帮她转发此类文章，我肯定会拒绝，群里人也不会帮忙，因为我的这个学员一直很珍惜品牌，很认真地写好每一篇文章，很用心地对待每个人，所以，大家才会帮忙，很多朋友、客户才会不问价格，不看图片，直接转账，购买很多水果。

这就是品牌最简单最基础的雏形，做设计的这个学员认真写好每一篇文章，用心处理每一张图片，即使是第一次见到她，因为之前读过她的很多文章，每篇文章都有她的logo，也已经对她非常熟悉了，不由地就提升了信任感。此外，当品牌增值后，她可以销售不同的产品，可以成就企业，甚至可以是不同的企业。

我的学员们每天都会写文章，即使很忙也会抽出时间来写，文章被首页推荐了多次，获奖无数，但他们还是要写，电视广告也做了，大家对这个品牌已经很熟悉，但广告还要继续做，因为每继续一次就是为品牌加分一次。

有一位广告大师曾说过："在所有的广告中，至少有一半的费用是浪费的，但我不知道是哪一半。"其实浪费的过程也是积累的过程，我们不仅要促进自我成长，更要努力超越同行。

我们会发现，当一个公司将一个品牌做好之后，它可以做很多子品牌，很多大公司都是这样做起来的。如韩都衣舍，它原本做的是女装韩风，将这个品牌做起来之后，就可以融资，将原来的模式进行复制，做了很多其他产品、其他品牌；再如阿里巴巴，由最初的阿里巴巴1688，再到淘宝，诞生了很多企业。

我有个朋友做的是筷子生意，他最初销售的是普通的红木筷子，将这个品牌做起来后，拥有了大量的客户，他就开始增加其他产品，比如红木菜板、红木勺子，喜欢红木筷子的人，往往会配套购买，还可以打造更多新品，如儿童筷、情侣筷等。

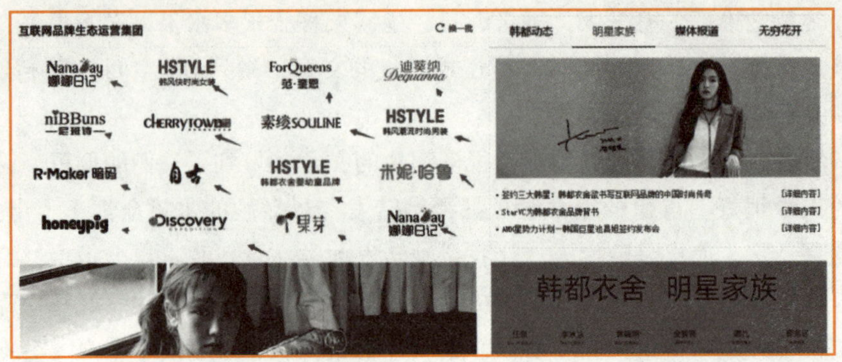

所以，当我们开始决定创业的时候，决定开始新媒体行业写作的时候，就要选择做品牌，打造个人 IP，打造个人品牌，因为个人品牌同时具备企业品牌的众多优点，个人品牌是创业初始的切入点，慢慢地，我们就会将个人品牌与企业品牌同时做好，这样才会有更大的收益，更好的未来。

第 16 招

有品牌，才能流传千古

在中国历史的长河中，有很多人的名字世代流传，这就是品牌，比如黄帝、孔子、老子等，都可以说是知名品牌。

在古代，他们就已经名声大振，如今，他们的名字依然如雷贯耳，在未来肯定还会被人们铭记，这就是品牌的力量，品牌的生命力。当我们决定做品牌时，就已经赋予了它生命力，它会渐渐成长，就像栽种一棵小树苗，在我们的精心培育下，茁壮成长，成为一棵参天大树。

一个做塑料模具、注塑模具的学员，叫张跃，我给他的定位是模具哥张跃，并且已经注册了商标，他在写文章的时候就用这个商标，这就像是种下了一颗品牌的种子，每天都在写作中成长，每天都在不断积累，每天都在积极向上，使他的生意越做越好，现在他每次与人见面做自我介绍的时候，都会说："我是模具哥，行业里的人都这么叫我。"可能很多客户并不知道他太多的故事，不知道他的产品有多好，但大家一定会记住这个名字——模具哥。

提醒大家一点，品牌一定要足够简单，在过往岁月中，曾经涌现出很多故事、很多优秀的人，但能被人们记住的却很少，大部分都随时间的流逝而消失了，只有那些简单的、口口相传的人和事儿，几经沉淀，最终被人们铭记。

另外，一定要聚焦品牌，模具哥在写文章时，都会加上"模具哥"三个字，这样，需要购买模具的人，也许并不会第一时间找他购买，但一定会记住"模具哥"这三个字，说不定下次生意就会主动上门了。

那么，为什么要一直聚焦"模具哥"或"模具哥张跃"这几个字呢？因为做注塑模具、塑料模具的人有很多，我们要从众多同行、竞争者中脱颖而出，就必须要聚焦，但这个过程可能不仅仅是一年半年的积淀，往往需要更长的时间才能看到效果。

我老家德化有很多陶瓷品牌，都是世代相传的，他们的很多客户也是几代人传承下来，这无论是对厂家还是对商家来说，都是双赢的，大家在一代代的传承中实现成长，就像同仁堂、东坡肉一样。

同样，企业的品牌也可以代代相传，比如发明电灯的爱迪生，他创造了通用公司，虽然爱迪生已经不在了，但他的品牌却一直流传，而且通用企业越做越大，因为品牌一直在积累，客户、技能一直在成长，"通用"两个字代表的就是高品质、高质量。

不管你是刚创业的小企业，还是做了很久的企业，不管你想做销售，还是进行新媒体行业写作，都要努力做好品牌，将品牌做好，我们将飞速发展、受益无穷。

第 17 招

世界由内容组成，网络的核心也是内容

网络时代是我们写作人最好的时代，因为这个世界是由内容组成的，网络也如此，而新媒体行业写作就是创造内容。

世界上有山有水，有天空有海洋，有花有草，有各种动物，这些皆是物质，都是组成世界的内容。同世界一样，网络的核心也是内容，当我们任意打开一个页面的时候，不论是想买东西，还是看新闻，抑或者玩游戏，我们所看到的皆是内容。内容有五大具体表现形式：文字、图片、声音、视频、代码，它们组成了内容，构成了整个网络。

内容让我们了解了外面的世界，让我们得以传播，被人知晓，让我们可以参与其中，做成生意。不管是在网络上销售产品，还是在网络上打造品牌，抑或者是打广告，与朋友网聊，皆为内容，我们要注意的是内容上的优化。

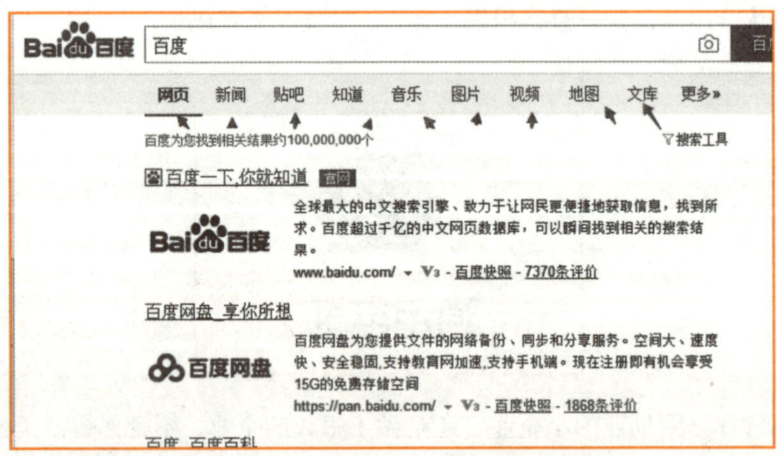

比如在网络店铺里，什么样的内容才是好内容？能吸引客户的、能马上销售的，让客户看一下就能马上下单的，能自动销售，不需要麻烦客户的，

能多次销售，最好能用后还能再来买的，能自动传播的，都是好内容。

这个传播不只在店铺里，还包括线上线下都能传播，一个人购买了我们的产品，还能介绍亲戚朋友来购买，才算是好内容，所以，我们的内容一定要能传播，要能参与，能了解，能多次买卖成交。

我的学员们的流量，相当一部分来自网络销售，来自阿里巴巴开店，而有些外行人做内容，可能就是把图片上传到店铺，然后标注下价格，就等着顾客上门了。很多年前，竞争不激烈的时候，这样的方法也能卖出产品，因为那时了解互联网的人很少，甚至一个行业里就只有这么一家在网络上卖产品。

现在互联网已经极大地普及，同样的旺铺，同样的页面，同样的产品，甚至我们的产品还比同行贵一点点，在此情况下，要想在众多竞争者中脱颖而出，做好内容是第一位的。

学员先立洋，他在阿里上的产品页面描述就不只是上传几张产品了，打开页面后，呈现给人们的是一段有情感的文字："我们从最初的单纯玻璃钢产品加工到现在的研发生产、安装调试、售后为一体的实体公司，投身行业 20 年，风风雨雨一路蹒跚努力前行，有着太多的辛酸和不易。创业的路上，经历了许许多多的客户，有着各种酸甜苦辣……"看到这样的文字，很容易引发人们的共鸣。

之后，还有他个人的故事，比如从当兵转行做企业，学习了哪些知识，公司的优势，主营产品，最后才是产品展示，以及售后，包括流程等等。

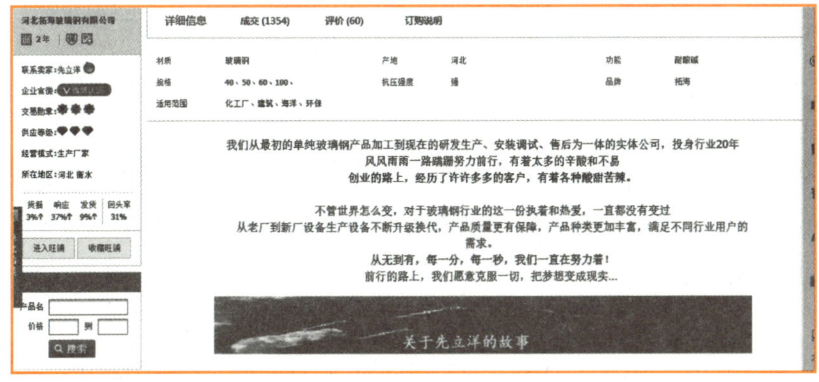

这就是我们要做的内容，将内容优化，做更好的内容，其目的是让客户

了解，让客户下单，让客户主动去传播，真正做到打造个人 IP、企业品牌，尤其对于采购批发、做大订单的店铺来说，这是必须要做好的一项工作。

网络的核心是内容，而且不是普通的内容，一定要是更新更好的内容。作为一个新媒体行业写作者来说，在把最好的产品展示出来的同时，要努力创造更多更好的内容，这将有助于让我们脱颖而出，获得更多的订单。

第 18 招

写作的成本小，可批量化、规模化

新媒体行业写作是个人 IP 和企业品牌最简单、最直接的表达方式，我的学员五年前写的文章，当时被推到了首页，现在打开，文章依然在，并且排在首页，这些文章给他们带去了源源不断的订单，在未来这些文章依然存在，说不定依然能够给他们带去不少订单。

新媒体行业写作具有成本小、可批量化、可规模化的特点。为什么说写作的成本小呢？因为它有四个优点：简单，持久保存，易传播，易复制。

1. 简单

人人都会写，我们从小学三年级就开始练习写作文，不一定写多好，但能把想表达的内容表述出来，尤其是网络时代，用手机就可以写作，不想打字，可以用软件把声音变成文字。

2. 持久保存

我们小时候写的作文，只要作业本在，作文肯定还在，在互联网上写作也是如此，从第一天在网络上写文章，就能很好地被保存下来，而且还能保存好我们的排名。

3. 易传播

这是与图片、语音、视频、代码相比较而言的。打字的速度快，传播速度也快，若是图片，在网速较慢的情况下，很难打开，语音与视频更需要大容量，有时还需用到专门的播放器，代码一般人是看不懂的，建设网站或者是 APP，以及做网站系统运营才使用得到，需要专业人士才看得懂。

4. 易复制

这是指我们将一篇文章写好后，往往需要发布到多个平台，在这个过程中就需要复制内容，如果是图片、语音、视频，速度会很慢，大家看起来也不方便。而用文字复制粘贴的速度就非常快了。

当然，每个人的长处不同，比如，有些人的视频就做得很好。只是相对大多数人来说，文字是最简单、最直接、成本较小的打造品牌的方式而已，尤其是在起步阶段。

正是因为新媒体行业写作具有以上四个优点，才支撑起两个我们在生意上的追求——可批量化与可规模化。我毕业后直接去工厂上班，做过管理层，所以，对“批量化”这个词特别有感触，假如我们写文章也能像生产产品一样，那该多好呀！

我的学员拖拖姐，销售拖把头的美丽女人，在我的指导下，就真的做到了写文章像生产产品一样，实现了批量化，她写的行业知识与我们之前学习的作文不同，不是先写一个题目，然后写一篇正文，而是一次性把题目都写好，这样写的速度就快了。

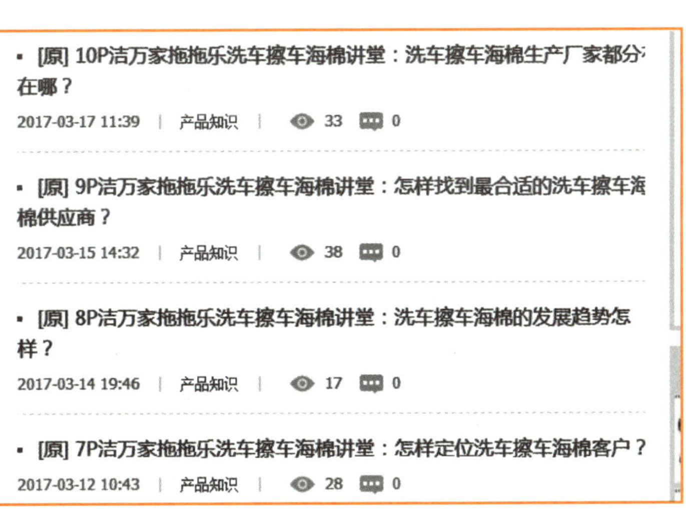

人们从小就接触文字，看书是看文字，看图片会看描述，看视频习惯看字幕。所以我们也应该做好文字工作，做好新媒体行业写作，在方便自己的同时，也为别人提供方便，实现规模化。

第三章

如何定位行业，以及企业品牌、个人IP

第19招

每个行业都能做好，首要选择是符合人生梦想

在进行新媒体行业写作之前，首先要定位我们的行业，如果没有考虑清楚这个问题，就会失去方向。

在我的学员中，有的已经在自己的行业里摸爬滚打十几年，甚至几十年了，如护栏姐、生产农业养殖机械食品机械的刘平等，也有一些没有自己的行业，只是单纯地想做阿里巴巴，想学习新媒体行业写作的人。

对于那些还没有选定行业的人，我首先要帮助他们选择行业，我会要求他们先初步确定 20 个行业，然后再进一步筛选、确定。经常会有人问我：志红老师，现在到底什么样的行业好呢？我告诉他们，只要用心，任何行业都能做好，在阿里、在淘宝，有成千上万的行业，每个行业都有做得非常好的。

外出和朋友聚会，尤其是在一些优秀的圈子里，或者是参加优秀的课程，每个人做得都不一样，但都是同行业中的佼佼者。既然每个行业都能做好，那么，选择行业的最大标准是什么呢？符合我们人生的梦想，这是基础，其他标准在这条标准面前都将逊色。

上学那会儿，老师经常让我们写下人生梦想，有人说要当医生，有人说要当警察，有人说要当钢琴家，在渐渐长大中，很多人都已经忘记了儿时的梦想，但真的有些人一直在坚持追梦。

我有一个同学，从小就喜欢雕塑，喜欢雕刻一些东西，无关金钱无关名利，只是单纯的喜欢，那时他经常拿着工具去雕刻石头，雕刻完坐在那里能欣赏一个下午，他爸爸怨他不好好读书，经常将他的作品扔掉。

上大学的时候，我的这个同学跑去雕塑工作室，免费给别人打工，因为这事，他爸爸没少和他吵架，同学大学毕业后，没有继续考研，而是拜师学习雕刻。

后来，他在网络上销售雕刻的木质材料，做得很不错，可惜，因为老人生病，他不得不回老家照顾老人，老家没有太多用于雕刻的木质材料，只有石头，他便开始雕刻石头，在网上销售，销售额也十分可观，并带动村民致富，大家有空就去小溪里挑石头，再销售给他，电视台多次采访他，现在他已经成为当地的红人。

梦想，是人生的方向，我们在追求梦想的同时，往往还能获得可观的经济收益、他人的肯定，这和新媒体行业写作有着异曲同工之妙，它能使我们在自己成长的同时，帮助客户与同行，乃至推动整个行业的发展。

或许有人会说，我没有梦想啊！那么，该如何设置梦想呢？在《阿里巴巴品牌整体策划108招》这本书中，我做过详细的阐述，在此不再赘述。

对于新媒体行业写作者来说，我们的梦想就是做好专业写作，收获更多订单！

第20招 选择资源最靠近，最适合自己的行业

我有一个大学同学，与她在一起，我就可以吃到她亲手做的各种美食，蛋糕、月饼等，她的梦想是成为一个糕点师，她对糕点非常痴迷，读大学期间，就已经花了二十多万元去美国、韩国学习糕点制作。

因为我的这个同学一直在为梦想不懈努力，现在她已经成了一个有名的糕点大师，电视台举办的一些节目，经常会邀请她参加，杂志上也有她的相关报道。

兴趣是最好的老师，当一个人对某件事抱有很大兴趣时，才更容易成功，所以，我经常告诫我的学员们，一定要选择最适合自己的行业，而且要选择资源最靠近的行业。

有一个青海的学员，因为想学阿里，所以，加入了阿里一对一指导这个圈子，选择行业的时候，她列出了20个行业，其中有很多行业与她的资源有密切关系。如做家电维修，因为有亲戚做这个；销售饼干，因为她表姐做这

个有些年头了；还可以卖红枣，她姑姑家种了几十亩枣林。

精挑细选之后，我建议她做虫草，因为家里人一直做虫草生意，且有自己的工厂，另外，在当地也有很多虫草工厂，这样她在写作时，就能容易地找到很多素材，拍张图片也很简单。最重要的是，她自己对虫草很了解，也喜欢这个行业，她是博士生，这个较为高端的行业也十分符合她的气质。

群里还有一个学员，为了学习家电维修去给人家当学徒，几年后，学成归来，在街边开店，互联网兴起后，将家电维修搬到了网络上，现在已经注册了好几家公司，与很多大企业建立了合作，收益十分丰厚。

说到资源和行业，东海是水晶的产业带，我的学员要做水晶生意，都会在东海注册工厂，柯桥产业带主要做窗帘墙布，新乡是护栏产业带，福安做按摩椅销售电机的人很多，选择在这些产业带做生意，能够自带流量。

每个地方都会有很多资源，那为什么一定要选择距离最近的地方呢？主要有三个原因。

1. 与工厂面对面，容易获取素材

在前期谈合作的阶段，如果厂家距离我们不远，谈起来会很快，因为大家已经很熟悉了，尤其是当对方有产业带资源时，可以直接去找产业带，工厂就在我们身边，拍照很容易，或许都不用开车，走路过去即可，若开车的话，我认为 300 公里以内都不算远。

2. 看厂发货方便

我们通常会做大单生意，做大单有时候需要看厂，若我们能直接接待客户，陪着客户去参观工厂，自然最好。如果厂家距离太远，就没办法去了。

另外，就在眼皮底下发货，我们也会更有安全感，工厂忙不过来的时候，我们还可以过去帮忙，详细了解发货情况。

3. 提前拿货

网络上很多平台，需要先压货 15 天，即 15 天后系统确认收货，资金才会到我们账户，所以，有时候资金会流转不过来，需要工厂先帮我们发货。

总之，选择适合我们的、比较了解的行业，更容易成功，而且每个行业里面都会有很多产品，有技术型的产品，也有服务型的产品，有高端产品也有中端产品，一定要精挑细选。

第21招

产品的选择，尽量往利润的方向靠

在上一节，我已经讲过选择行业有两条主要的考量，一个是适合自己，一个是资源靠近。可一个行业中会有很多产品，如加工、生产、销售、运输、服务等等，又该如何选择呢？那就尽量选择利润较高的产品。

我有一个学员在最初选择行业的时候，选择了拖鞋行业，因为她之前在一家网络零售店做过客服，销售过拖鞋，不过因为鞋子质量不是很好，有很多售后问题，所以有些担心再遇到同样的问题。因为她在广州，我就建议她做高端的女鞋，她没做多久，就有了起色。所以说，同样是鞋子，不同的产品，乃至一样的产品，做高端与低端，也是有很大差异的。

我的不少学员都有自己的工厂，并且做阿里，很多客户在寻求合作时，都会选择工厂，包括加工、批发、代理。有一个销售牛角梳、羊角梳的福州学员，因为他有自己的工厂，所以，很多客户都会找他，而且找他的客户都很会做生意，有些在景区开店，有些开实体店。而且销售完一批，还会购买下一批，所以，客户是终身制的。因为得到了不断的积累，他的销量也越来越大，企业也越做越大。

因此，我建议进行新媒体行业写作的朋友，与工厂合作，选择有利润的、售后尽量少的产品，与工厂合作意味着订单数额较大，都是大客户，而且还会有后续的客户，赚钱会更容易。

为什么要选择有利润的产品呢？以拖鞋为例，利润都是10%，运输包装的价格也一样，销售2元一双的拖鞋，与销售20元一双、100元一双的拖鞋相比，当然是后者更好，因为质量好，找到我们的也是追求质量的客户，售后也相对简单。

售后尽量少，比如销售机器，如果我们对机器不是很精通，在处理客户的售后时，就会非常辛苦，如果让其他人员帮忙做售后，很容易使我们的努

力拱手让人。因此，要尽量避免售后，我们的重点是做好新媒体行业写作。

有一次，我有一个学员来福州，我们一起吃饭聊天的时候，学员的另外一个朋友也赶了过来，这个人做零售生意，他问我新媒体行业写作能不能用在零售上，我告诉他，我们一般都是用在工厂，如果非要用在零售上，至少要满足两个要素当中的一个，一是客单价高，二是属于消费品，且经常要重复购买的。

一个做玉器的朋友，她的客单价就很高，从几百到几千几万，那么，用新媒体行业写作的方法销售产品就很好，虽然是零售，但比批发利润要高，而且大家会介绍朋友购买。还有一个销售水果的学员，也使用新媒体行业写作的方法进行销售，因为水果属于消费品，好吃，客户还会继续买，所以，她一年的销售额就很大了。此外，一些服务行业也适合这个方法，比如设计、出版、维护、咨询等。

总之，将新媒体行业写作做好是根本，在写作的过程中收获订单、产生销量，是推动我们将写作做得更好的动力之源。

企业要有梦想，这是品牌建设的前提

我的第二本书，名字是《阿里巴巴品牌整体策划 108 招》，是企业做阿里的一个整体策划。里面我们的主题是梦想，拼盘，生态，入口。梦想第一。这个不只是个人的梦想，更是企业的梦想。早在做阿里旺铺之前就要想着，我们要把阿里旺铺做成怎么样的。

孙子兵法里说："胜兵，先胜而后求战。"就是我们打仗的时候，不是一上来，直接冲过去。而是要知道怎么样能打赢，直到怎么打赢步骤出来之后，我们再开始打仗，就更容易成功。

有一次，我与一个朋友聊天，他说他不清楚互联网未来会朝哪个方向发展，我说那你可以问问自己的老板，他应该知道，朋友说，老板也不清楚，他只希望多出单，所以，让我来找你学习。我又问你们公司的梦想是什么，朋友一脸惊愕地看着我，公司还要有梦想吗？

每个公司都应该有梦想，就像每个人都要有梦想一样，我们要成为什么样的人，这就是梦想，那么，企业要成为怎样的企业呢？明确了方向之后，就知道如何去做了。

有一个学员名为 ABB 电机盘子，做 ABB 电机、减速机，也代理其他品牌，如东元、西门子等，之前，他的名字是工控小盘子，之后才定位 ABB 电机盘子，“盘子”这个名字好听好记，这就是 IP，而且她本人就姓盘，大家平时都叫她盘子，那前面为什么要加上 ABB 电机呢？因为这是最有优势的产品，同时 ABB 集团是全球 500 强企业之一，这些都是有利于销售的重要因素。

如果新媒体行业写作也能从高起点开始，就会给我们带来更多的流量与粉丝，继而推广其他产品系列。我帮盘子设置的梦想就是做好电机平台，努力将 ABB 电机盘子做成一个品牌，成为一个优秀的平台，到那时无论是买电机的人，还是卖电机的人，都会找她。这是她个人的梦想，同时也是企业的梦想，确定了前进的方向后，再经过我的指导，她的发展速度非常快，现在年销售额已经突破了 2500 万元，而且我相信只要她坚持不懈地努力，未来会更好。

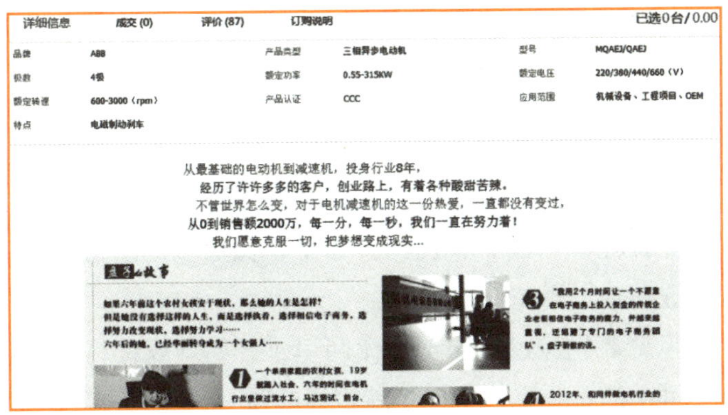

群里也有些学员，企业只有一个人，甚至有的还没有注册公司，没有选择好自己的产品，但是只要把梦想设置好，接下来按照设置好的梦想一步步地去努力，就会有很大的突破。

经常留意我的 QQ 空间、朋友圈，或者读过我的书的朋友，会认识我们群里的很多学员，他们的名字各不相同，有些听上去还会有一种怪怪的感觉，

其实，这些名字都是我取的，不要小看这些名字，每个名字背后都有其含义，有梦想，它们也是带来订单的一个重要因素。

总之，在互联网时代、在品牌时代，唯有做好自己，才能让我们在行业中脱颖而出，让客户主动来找我们，我们才有机会选单，而所有这些的前提是要有梦想。

第23招

在企业注册之前，就要对品牌建设进行整体规划

进行新媒体行业写作时，要进行品牌建设，即做品牌的基础布局，这是在企业发展的任何阶段都可以做的，有些企业已经做了十年八年，依然可以进行品牌建设。不过，我建议大家提早进行品牌建设的规划，在选产品的时候就要做好准备，然后再去注册企业。

一些朋友也想做阿里，做新媒体行业写作，他们会对我说："老师，我正在注册公司，等我注册好了，就去找你指导。"或者说："我正打算开阿里，等我把阿里开起来，就去找你指导。"此时我都会建议他们先来报名参加培训，先经过指导后，再去注册公司，因为我们的指导不是开始于做阿里之后，而是从选择行业，选择产品，就已经开始了，做好基础的指导后，再打造聚焦点，重点突破，锦上添花。

我之所以强调要先经过指导再去做阿里，开始新媒体行业写作，因为很多东西都是不可逆的。我有一个学员就曾经吃过亏，用朋友的执照去开阿里，想着不用注册公司，很省事，后来，生意做起来了，他的朋友拿着执照，去修改账户的密码，把整个旺铺拿回去了。

世事难料，在生意不景气的时候，或许没有人会打你的主意，一旦生意红火起来，有些人就有可能经不住利益的诱惑了。所以，无论是打算进行新媒体行业写作，还是开始创业，都不要着急，尽量不要跨越，不要想着一步到位，而应该一步一个脚印，踏踏实实地去做。其顺序是选择行业—选择产

品—选择货源—选择地址—注册个体或公司，这样才是成本最低、最简单、最直接的方法。

具体流程大致可分为五步：

1. 选择行业

选择的行业不同，执照也是不同的，如销售灯饰的，可注册为灯饰加工厂，销售服装的，可注册为服装加工厂，此外，不同的行业类目也是不同的，这些都要选择好，不然注册后无法更改，即使能够更改，也会非常麻烦，需要更改全部的信息。

2. 选择产品

不同的产品，比如都做服装销售，一个是批发，一个是定制，其执照名也会不同，可以是服装经营部，也可以是服装设计工作室。

3. 选择货源

选择货源也很重要，也许你的想法很好，但是没有好的货源，也无法做好销售。

4. 选择地址

选择地址，即执照的注册地，如注册为产业带，效果会好几十倍。

5. 注册个体或公司

到底是该注册个体还是公司呢？我的建议是，刚开始的时候，注册个体即可，如可以是 ×× 加工厂或者是工作室，同样可以接到不少订单，有不少流量，如果注册公司，注册资本建议在 200 万元以上，很多平台都有这个门槛限制。

在注册企业的过程中会有很多的门槛，我给大家提出三点建议：

第一，在注册之前，在找到货源的同时，也要找到备用资源，这样才会有充足的货源，才有销售的保障。

第二，注册的地址，不管有没有产业带，一定要是真实的，不然后期执照更改地址，所有的信息都要修改，连商标地址都要修改。所以，最好要想好能用十年二十年的地址。

第三，如果我们不懂得办理，可以到 58 上找人办理，也可以自己打电话咨询工商部门流程。尽量一次性将材料准备齐全，以免跑来跑去。如果能自己办理，最好亲自去办。

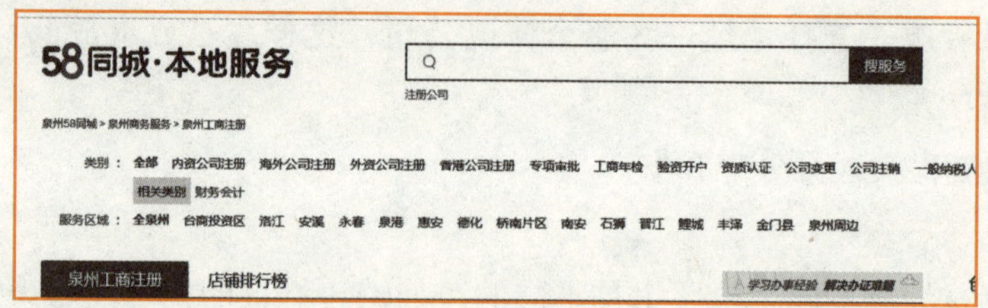

不管做什么事情，最好能够一次性把事情做好，即使走得慢一点，因为回头重来太辛苦，也会浪费很多时间。

万事开头难，其实开头只要做好，并不难，难的是坚持，不要想着还没出发，就跑到了终点，要一步一个脚印，按照预先的规划稳扎稳打，往往能事半功倍。

第24招

企业名、品牌名尽量同步，还要注册

很多企业的名字，如淘宝网、阿里巴巴、饿了么、海底捞、美团、美图秀秀，每个名字取得都非常棒，令人拍案叫绝。那么，我们的企业在注册执照时，该如何起名字，需要注意哪些事情呢？

如有的学员已经注册执照了，因为修改比较难，加上已经用了很多年，我建议他们不要修改执照名，只要打造品牌就好。对于那些还没有注册执照的企业，我会先让他们取 10 个名字，然后根据不同行业的不同要求，帮他们查询商标信息，将可以注册的名字选择出来，再加上各种好寓意，全方位选择，以做到企业名与品牌名同步。

有一个卖石雕的学员，他销售的产品就是我们经常在人家大门口看到的石狮这类产品，这类产品一定要吉利，所以，取名字也要取吉利一些的，两个字的名字大部分都已经被占用了，我们就尽量选择三个字的名字，比如玉麒麟、金孔雀、黄金宝、好运来等，然后再进行查询，在这些名字当中选择一个既可以注册企业名，又可以注册商标名的。

当然，我们要注册企业执照的时候，要先到工商局去核实，不是想注册就能注册的，要选择 5 个不同的名字，然后按照先注册执照，执照注册下来，再注册商标的顺序进行，这样就能做到企业名、品牌名统一了。

不同的品牌名，带来的效果是不一样的，比如小霸王、好聪明，这些品牌名都是做儿童产品的，看到这个品牌就让人产生购买的欲望，买个好彩头。有一个人注册了芈月这个商标，注册的时候很便宜，后来《芈月传》火了，这个商标的价值就很大了。很多商标都是如此，因为有很好的寓意，大家都抢着去注册，可见注册商标时，一个好名字是多么的重要。

另外，也有一些有执照的企业，用执照去注册商标，那么，该如何去注册商标呢？注册商标有很多方法，也有很多渠道，我通常会建议我的学员选择猪八戒网，这个网站较大，且较为专业。

之前，我提到过帮助学员注册商标时，会先帮忙查询商标是否能够注册，如企业执照还没注册，要查询哪个名字能注册商标，也可以找猪八戒网查询。打开网站，提交联系方式，把我们的行业、要注册的名字告诉对方，他们的客服人员就会对接，让他们帮我们查询。

将执照注册下来之后，再用执照去注册商标，这时我们会发现商标里有很多类目，共计 45 个大类目，大类目下还有很多小类目。该注册什么样的类目呢？我们可以按照猪八戒网站上的商标注册建议来做。

我的学员要注册商标，有两个类目是一定要注册的，一个是产品本身的类目，一个是 35 类，因为在产品注册商标的同时，我们也在做广告、营销等等。也有些人会做子品牌，就会同时注册很多个商标，对于新媒体行业写作的人来说，先做好主品牌，即与企业名字一致的主品牌，等主品牌做好了，

就可以带动很多其他的子品牌了。

总之，对于已经注册好执照的，好好地打造既定品牌，或者重新定位品牌即可；对尚未注册好执照的，一定要先规划好，然后再去做，尽量做到一步到位。

第25招 打造个人IP，要先确定产品营销方向

看看那些知名的 IP，我们会发现它们的名字都取得很好，比如金庸、古龙，仔细研究你会发现，很多名人的名字都十分特别，很有讲究。

对于新媒体行业写作的人，尤其是做 B 类生意的人来说，名字同样很重要，就与之前谈到的执照是一样的。不同的行业、不同的方向要取不同的名字，其效果也是有差异的。现在我们已经选择好了行业、产品，并注册了企业执照，如果你想打造个人 IP，接下来就要确定产品的影响方向，根据它来取名。

我们进行新媒体行业写作的最终目的是销售产品，但不同行业、不同定位，企业不同的状况，取的名字也是不同的。我在帮助学员们取名字时，经常会用到以下方法：

1. 整体法

如果你在一个行业已经做了很多年，且具备一定的实力，行业里的很多人已经认识你，那么，取名字的时候就可以用整体法。

比如，护栏姐，她专注护栏行业几十年，产品包括阳台护栏、公路护栏、别墅护栏、小区护栏、安全护栏、景观护栏、百叶窗等，因为她有多年的经验，就直接叫护栏姐即可。

灯姐，在这个行业也有些年头了，销售额很大，产品涉及范围广，包括小夜灯、感应灯、LED 灯、门铃等，因为她的产品主打是灯，称她为灯姐即可。

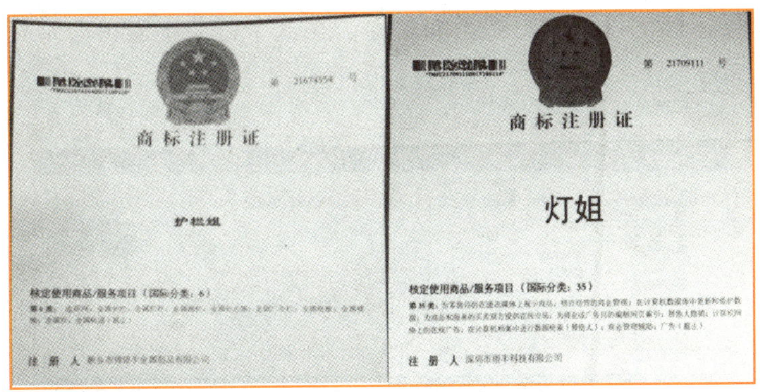

2. 组合创业法

组合创业法适用于那些从事的产品较多，可能是自己生产，也可能是根据客户需要生产的企业或个人。如利群，她销售的是封头、人孔，这是两种不同的产品，那么，我们在取名字的时候，直接就用“封头人孔利群”，类似的还有“移印机丝印机厂家杨丽”。

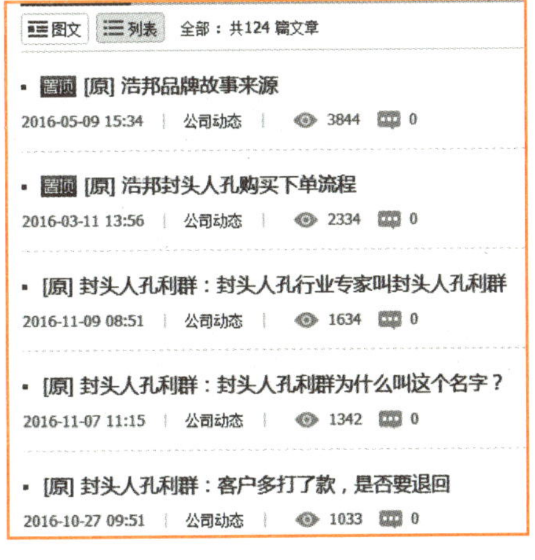

3. 切入法

这个方法适用于需要销售很多产品，但同时又要主打一两种产品，且是最热销的产品的个人或企业，这些产品能帮我们带来流量与信任度。

比如，角梳姐，她有自己的工厂，同时销售牛角梳、羊角梳、按摩梳、刮痧片等很多产品，因为细分下来，很难让人记住，所以就叫角梳姐。还有之前提到的 ABB 电机盘子，也属于这种情况，她代理了很多品牌的电机，我们就以 ABB 为切入点，ABB 做好后，就会带来很多客户，同时带动其他品牌产品的销售。

4. 自我竞争法

这种取名字的方法，就是要自己与自己竞争，让客户多一种选择，同时，尽可能覆盖更多的信息。比如，我有一个学员销售按摩椅，取名按摩椅哥，他老婆也做网络销售，取名按摩椅姐，这样一来，人们购买产品的时候，记

得按摩椅哥，也记得按摩椅姐。如果他们在这个行业中做得非常好，那么，整个行业都将是属于他们的，这就是强强联合。

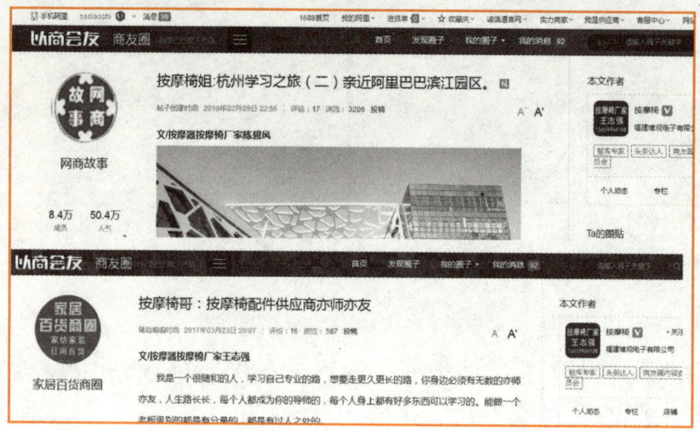

确定了产品营销方向，确定了名字，只要我们没有更换行业，就可以一直使用，甚至已经更换了行业，也可以一直使用，因为已经成了知名的 IP。

第 26 招 个人IP要选择一辈子都能用的名字

在新媒体行业写作中，名字非常重要，名字不仅用在文章里，还会用在很多地方，进入我们的群后，你会看到很多名字的组合，有时还会故意错位，目的就是让大家记住。

名字有两种，一种叫叫法名字，一种叫书面名字，叫法名字就是简称，书面名字可以是简称，更多时候会比较正式，会比简称更长一些。将两种名字组合起来会有很多讲究，但核心是选择一个一辈子都能用的名字。

模具哥，他销售注塑模具、塑料模具，也有自己的工厂，写文章时，会用书面名字“模具哥张跃”，而不是模具哥，因为张跃是他的真名，是他一辈子要用的名字。当然，模具哥也是可以用的，但在文章中最好用模具哥张跃。

兴跃塑模厂模具哥张跃

张跃，人称模具哥，09年毕业。善于写作。承接父亲工厂余姚市兴跃塑模有限公司，20多年做模具经验，主要有注塑模、塑料模、冲压模、橡胶模等大、中、小型模具的设计制造，进行各种塑料模具的注塑加工，

护栏姐，之前的名字不叫护栏姐，而是叫一帘幽梦，因为她喜欢花花草草，平时大家都叫她护栏姐，但在写文章的时候就写护栏姐武志山，武志山不是护栏姐的名字，是他们执照上使用的名字，是她老公的名字。因为之前很多地方都使用了执照上的名字，所以就没有改为护栏姐的名字。

农业养殖机械食品机械刘平，这个名字给人的感觉很长，刘平是老板娘的名字，她销售很多品种的机械，草坪机、割草机、面粉机、饲料粉碎机等，多达几十种。之所以将“农业养殖”放在前面，是因为大家一看到名字就知道业务是与农业农村机械有关的。另外，她还销售食品机械，因为前面带有“农业”两字，一看就不是我们平常使用的烤箱，而是与农业有关的，适用于农村生产使用的小麦机、面粉机。再有，因为重复了两次“机械”两字，让大家更加肯定她是销售机械的。不过，大家在称呼她时，都叫她农机姐，之所以不能将这个名字用于书面，是因为这个名字不能让人很明确地知道她是销售何种产品的。

为什么我们的名字要那么长，而且很多时候要使用真名呢？主要基于三点原因：

1. 增加信任度

在互联网上销售，信任度很重要，客户要与我们做生意，会看执照，会看名字，尤其是要转账的时候，如果不是老板的名字，就会让客户担心，如果转账的名字与宣传的名字一致，就会增加信任度，消除客户的忧虑。

农业养殖机械
食品机械
刘平
技术售后全程服务

2. 突出差异点，更容易脱颖而出

每个人的名字都不一样，在一个行业里重名的就

更少了，所以，名字在打造 IP 的过程中，能增加辨别度，也就不会出现品牌类似的情况，基于此，我们建议用一个一辈子都能用的名字。

3. 一辈子使用的名字，一辈子的积累

人生是一个积累的过程，比如，我们写了 3000 篇文章，如果随便使用一个笔名，离开了这个平台，或者账号密码都没有了，就没有了任何意义，但使用真名就大不一样了。

在打造个人 IP 的过程中，我们尽量要用一辈子都会使用的名字，特别是我们书面上的名字。所以，我建议大家进行商标注册的时候，要将书面名字与叫法名字，全部注册，若没有注册书面名字，叫法名字一定要进行商标注册，特别是 35 类。

第 27 招 取简单好记的名字，并争取跟类目等同

生活中，你会发现有一些广告是很容易被记住的，这些广告被称为魔性广告，我们的个人 IP 名字若也能做到如此，就太好了。取名字要把握一个重要的原则——简单好记，这样可以减少传播成本，增加效益。

之前，我讲到要使用自己的名字，可要是我们的名字不好记怎么办？我读书时有个同学叫马骉，很多老师都叫不出他的名字，甚至有时会直接叫四个马，这样的名字就不容易传播。

我们要做个人 IP，要做品牌，所以取的名字一定要简单好记，就像打广告，最好一遍就能让人记得，如果别人的名字需要播放 10 遍才能让人记得，那么，你只需要别人十分之一的成本，却能得到同样的传播效果。

怎样的名字才是简单好记的呢？需要有三个条件：

1. 很简单，很容易看懂，最好小学生就能看懂

进行新媒体行业写作时，个人 IP 的取名，尽量不要像我同学的名字一样，看不懂，有时电脑打字都打不出来。名字一定要简单，最好小学生都能

看懂，因为我们的一些客户，可能文化程度并不高。

2. 很容易写出来

人都喜欢比较简单的东西，如果你的名字很多人不知道怎么写，或者写起来很费劲，别人就不愿意写，即使写，别人的名字写 10 遍，我们的名字才写 2 遍，太费事了。

3. 很容易让人记得

每天做广告的商家有很多，写文章的人也很多，所以，我们的名字要尽量让别人记得，当然，这是比较难的，需要我们好好思考。

打造 IP，最成功的表现就是类目与名字等同，就像当我们想到可乐，就会想到可口可乐，想到百事可乐；想到网络购物就会想到淘宝网；想到要在网络上做批发，就想到阿里巴巴；想到要做搜索就想到百度。

那么，如何让我们的名字简单好记，让名字与类目等同呢？

要尽量使用好记吉利的组合名字，即将两个行业结合在一起，成为第三种行业，有时在碰到比我们原来的名字更好的名字时，可以更改，比如利群，原来她的名字为丽琼，这个名字很好听，但若是做生意，还是用利群比较好，又因为做封头人孔行业，那么她的名字就成了封头人孔利群，利群好记，又代表产品好，还是一种香烟的名字。

在宣传中突出名字这一点上，我的学员们都很注意。别人的微信、QQ、阿里头像往往都是一些图片，也有些是企业的 logo，或者产品，但这并不能表达出很多内容，而且大家也看不懂，难记、难理解，而我的学员们都会做专属的头像，头像上一定是纯色的背景加上文字，大家一看就懂，一看就明白。

IP 的使用也很讲究，有一个学员叫王剑春，在柯桥（窗帘墙布的产业带）销售窗帘墙布，给他取书面名字的时候，就叫窗帘墙布柯桥王建春，这是组合的名字，同时把剑改成建，因为剑给人的感觉是锐器，让人感觉不舒服。

总之，取名字会有很多讲究，但最核心的一点就是简单好记好传播，因为我们要争取名字与类目等同。

第28招 企业要定位为行业领导者

当我们决定要去做一件事时，一定会想要把这件事做成怎样，所以，定位很重要。也许你的企业很小，甚至是一个只有一个人的企业，但只要你选择了这个行业，就要进行定位，当我们将自己定位为行业领导者的身份后，会做得更好。

我的学员基本上都在网络上销售产品，我告诉他们一定要做品牌，而要做品牌就一定要有一个品牌故事，其中有一项就是对未来的向往，即希望把企业建设成怎么样。我们会写：希望我们的产品能帮到更多人，企业成为领导者，真的走进千家万户。当然，有些企业是不能这样写的，比如销售污水大型设备的企业，但道理是一样的。

那么，将自己定位为行业的领导者，这在新媒体行业写作中该如何体现呢?

1. 一定要专业，对行业很了解

只有自己很专业，对行业很熟悉，我们才能成为内行人和行业里的专家，从而真正地去帮助客户解决问题，即使那些同行都解决不了的问题，在我们这里也能迎刃而解。

2. 很多方面都能超越同行

只有超越别人，我们才能脱颖而出，只有脱颖而出，我们才有机会获得更多的订单，也才能为更多的客户提供更好的服务，在我们努力的同时，同行也会追赶上来，从而带动行业的发展。

3. 为行业代言，为行业添砖加瓦

比如，在一些网站里，我们代表行业去参加比赛，获得奖励；在力所能及的范围内，分享行业知识，若能做得好，我们就可以成为行业领头羊，做行业的榜样。

有这样一个故事：三个人在砌墙，一个过路人问他们在干什么，第一个人没好气地回答："你没看到吗？我在赚钱。"第二个人说："我在盖房子啊！"第三个人则开心地说："我在实现我的梦想，我正在创建一个美丽的城市。"

这三个人代表了我们生活中的状态，每个行业都有这三个人的影子，而我要我的学员向第三个人学习，成为行业领导者，帮到更多客户，带领行业的发展。

当我们想着做一个产品是为了赚钱的时候，肯定还会发现其他更赚钱的产品，很容易朝三暮四，无法坚持做一件事，往往是哪个产品赚钱就做哪个产品，不能坚持，不能积累，自然也就做不大。

如果我们只是一味地做销售，就不会去创新，不会去做品牌，不会去溢价，客户说贴牌，我们就贴牌，客户说这个要修改，我们就修改。没办法批量化，一直在定制，没品牌，赚的只能是技术工的钱。

如果我们总是在思考如何把这个行业做好，如何在行业中脱颖而出，成为行业的领头羊，那么，我们就会规避短视行为，注重长远发展，未来一定会非常美好。

由此可见，看似是做同样的工作，同样销售产品，同样做新媒体行业写作，但不同的梦想、不同的定位，走出来的人生之路也会千差万别。

第四章

如何丰富新媒体行业写作素材

第29招

不怕没得写，见到、想到、听到的都是素材

开始写文章的时候，不少人都会遇到无素材可写的情况，他们感觉生活就是这个样子，每天都在重复，上班下班，有什么可写的呢？其实不然，所见到、想到、听到的，都可以成为新媒体行业写作的素材。

见到，就是我们平常在工作过程中见到的，也包括我们为了学习而见到的。比如，去同行工厂参观，看书；想到，简单地说就是想法，我们在一个行业浸淫时间长了，对这个行业会有自己的见解、感触；听到，是指我们与人聊天的内容，也可以是我们在学习的过程中听到的。

其中，见到的素材最多，除了睡觉，我们的眼睛一直在观察，会看到很多东西，既有与我们行业有关的内容，也有与行业无关的内容。

有一个刚从大学毕业的学员，以前在上下班的路上都是闭目养神，休息，放松自己，我告诉他看书就是最好的休息方式，从那以后，他就开始看电子书，不知不觉看了很多与行业有关的知识，写文章的水平提高了一大截。

所想，每个人心里都有一些想去做的事情，希望自己变得更优秀，在面对同样的事情时，会有与众不同的想法。只要认真去想，每一天都会有很多想法，这些都是很好的写作素材。

所听，我们与别人聊天的时候，会听到很多故事，比如，公司的创业经历，虽然没有看到他人是如何创业的，但听他人讲，我们也会有感触，这就是写作的素材。群里有一个老板娘，很珍惜时间，每天都在学习，洗漱做早饭的过程中都在听喜马拉雅 APP，她听到的这些内容，不少都成了她写作的素材，而且写出来的文章很有深度。

当你决定开始新媒体行业写作时，就可以动笔，写一些看到的东西，若没有走出去，写一些所想的东西也可以，再不行就写一些听到的东西，音频 APP 软件都是非常好的素材。

文章尽量写得长一些，才有优势，我们写 100 字，同行写 1000 字，那么，客户更愿意看同行的文章，所以，我们要比同行更努力，更用心，才能逐渐从同行中脱颖而出。

另外，提醒大家一点，文章可写的素材虽然很多，但尽量选择积极向上的内容，传递正能量，才能深受平台、大众的欢迎。我有一个朋友，每天都写日记，日记中记录的都是开心的事情，所以，他每天都很开心，心态积极了，做事才会积极，做事积极了，每天都会过得既充实又开心。

每个人的能力都不一样，写作水平也不同，文章写得不长，没有关系，如果没有太多时间，可以隔几天更新一篇，只要坚持写就好，积少成多，慢慢积累，不仅能提高我们的写作水平，而且还能为企业的发展注入活力。

名字、产品、联系方式是最重要的素材

对于新媒体行业写作者来说，一篇文章中最重要的内容就是名字、产品、联系方式，这些内容传达出的信息是我们是谁，做什么，怎么销售，这也是我们写文章的目的、核心，以及大方向。

1. 名字

名字是最重要的素材，PLC 放大板专家许立冲，之前的名字叫 PLC 放大板专家。在文章当中，他留的名字也是专家，顾客在买东西的时候，就不怎么敢与他联系，因为大家不知道这个专家是男还是女，也不知道在电话中如何称呼他，加上名字，效果就好很多了，为什么每个人都要有名字，因为名字很重要，在新媒体行业写作中也一样非常重要。

这里的名字，包括我们的名字、注册商标，以及执照上的名字，之前我讲过这个问题，新媒体行业写作要做很久，所以，一定要取一个一辈子都能使用的名字。名字取好后，先去注册，注册好了之后再开始写，这样才能不断积累，使我们有可能成为行业的领导者，而且名字注册后，会显得更加正规，更加正式，有更高的信任度。

2. 产品

产品也是写作的素材，产品传递的信息是我们销售的是什么，若这一点没有做好，写再多的文章，客户也无法知道我们是做什么的，销售什么的，自然就不会和我们联系了。所以，这一点一定要写清楚，才能提高转化率，客户读了我们的文章，就可能会与我们直接联系。

文章内容会涉及生活、情感，有时候与我们的产品没有关系，在正文中不涉及没有关系，在标题上、名字上，以及文章的介绍里应该有相关提示，特别是介绍里，会写得很清楚。

3. 联系方式

写了文章，没有留下联系方式，别人想与我们联系都联系不上，想买东西都买不到，这岂不是做了无用功吗？因此，一定要留下联系方式，而且至少要留下一个，若能多留几个当然最好，联系方式包括电话、网址、微信、QQ、名字等，或者其他常用的联系工具，总之，越简单越直接越好。

比如，护栏姐，她的特长就是电话沟通，通过电话洽谈业务，所以，在她的产品信息中，电话号码一定会多次出现，在文章中也会重复出现。我曾对护栏姐说过，你的电话号码每天至少要重复 200 次。

当然，有些平台是不允许留联系方式的，QQ、网址都不可以，这时我们就要遵守规定，有选择性地留联系方式，只能留 QQ 的，就留 QQ；只能留电话的，就留电话；都不能留的，就留名字，反正这个名字我们已经注册过，别人是无法使用的。

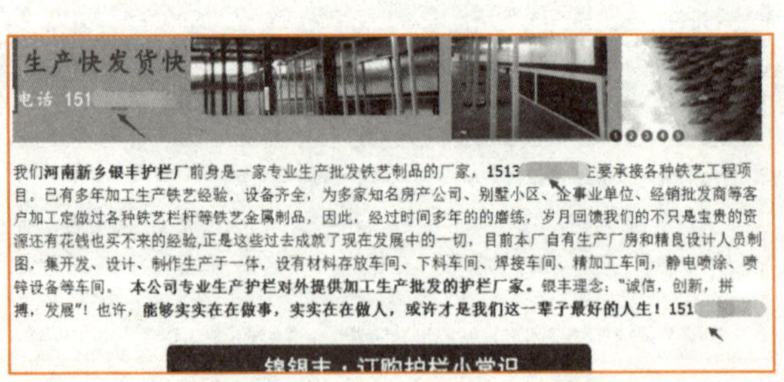

名字、产品、联系方式都是新媒体行业写作最重要的素材，因此我们在写文章的时候，每一篇都要留下这些重要信息，能留下联系方式最好，不能留，也要展示名字。我的学员之前在写作时就犯过这样的毛病，能留下联系方式的没留，或者直接留一个电话号码，没有名字，这是不完整的。

每个人的新媒体行业写作方法都不同，素材也是千千万万，再加之所处的行业不同，想法也不尽相同，但是都应该把握最主要的素材，把握好核心点，写作的大方向就不会有失偏颇。

第31招

内容营销时代，所有的素材都必须是原创的

新媒体行业写作的所有素材都必须是原创的，现在在互联网上写文章，也越来越重视版权，这是一种趋势，因此，写文章一定要原创，尽管我们写得并不好，图片也不好看，至少我们要用心去做。

我是阿里商友圈内容委员会的成员，负责筛选上首页的文章，经过我们筛选后，再经阿里小二挑选，最后推荐到商友圈首页。我们在筛选文章时需要把握的最重要的一条原则就是原创，尤其是销售产品的个人或企业，在描述中更要原创，不得照搬照抄别人的内容。

原创是指素材必须是经过加工生产的，它分为三种情况：一是写有关自己内容的原创，二是对别人的故事进行加工，三是使用别人的素材一定要标注，仅限于商业行为不浓的文章。

1. 写有关自己内容的原创

这一点很好理解，就是写我们自己在生活中的所见所思，人是有感情的，有想法的，能感受到亲情、友情、爱情，将这些美好的感情传递出来，就是人世间最宝贵的东西，能让人产生共鸣，拉近人与人之间的距离，这也是新媒体行业写作的原创点。

2. 对别人的故事进行加工

在我的文章里，经常会看到这样一句话“我的一个朋友”，故事是朋友的，但内容是经过我加工的，朋友看到了也会很开心。引用名人名言的时候，我们经常会说“××× 说”，标明来源能提高文章的信任度。每个人都有故事，但不是每个人都会将故事写出来，我们可以以他们的口吻将故事叙述出来，只是有时候不方便出现真实姓名罢了。

3. 使用别人的素材一定要标注，仅限于商业行为不浓的文章

写文章时，会用到一些图片，如果直接去拿别人的图片，我们要标注图片的来源，不过这仅限于商业行为不浓的文章。如果是销售产品，就一定要用自己拍的图片，尤其是在多家平台销售时，否则就可能会被投诉，一旦被投诉，就会被删除。

经常在网络上写文章，你会发现文章中的图片都会被别人复制，也会看到有些人因为使用了他人的图片而被投诉，即使产品卖得很好，其链接也要被删除，所以，我们必须要坚持原创。

如果我们的文章被复制，图片被复制，该怎么办呢？我的建议是算了，因为维权很辛苦，我们只要用心进步，做更多的成长就好。提醒大家一点，在一开始写文章的时候，我们就必须备注好文章的作者、图片，这样版权才属于我们，大家也就不会轻易去用了，那么，该怎样备注呢？

文章的标题前一定要加上名字，在正文中的第一行，即正文前加上作者，如陈志红，或者文 / 陈志红。另外，图片也要打上水印，打上水印后，不能影响图片美观，字体要设置好。

1.角梳姐王艳--牛羊角制品到底是什么？

帖子创建时间: 2017年10月18日 16:10　评论：2　浏览：293　投稿

1. 角梳姐王艳--牛羊角制品到底是什么？

文\福州礼信牛羊角梳生产厂家王艳

牛角，羊角对于大家来说并不陌生。那么你可知道牛羊角能够做成什么产品呢

面的介绍。

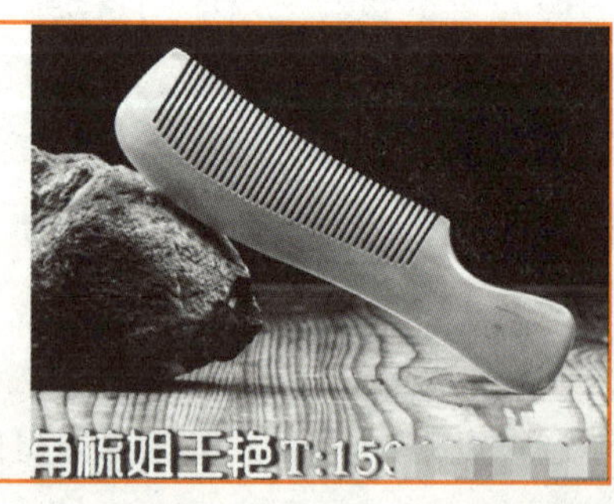

互联网上的文章被复制，大多不是手动复制，而是机器，如果有人复制我们的文章，因为已经打上了水印，就相当于为我们宣传了，其实，很多人

一看到有水印就不愿意复制了，因为要修改成自己的文章，是需要时间成本的，大家都怕麻烦。

第32招

从各个角度来拍摄1000张图片

我经常对我的学员们说，一定要提前准备好 1000 张图片，这些都是我们的原创素材，为什么一定要 1000 张图片呢？ 300 张不可以吗？

一是准备 1000 张图片，素材不会重复；二是可以从各个角度获得展示；三是图片数量大，可选择性强，我们可以从中选择更好的图片，展示给大家。因为拍摄图片需要时间成本，所以最好一次性搞定，也提高了拍图的效率。

1. 准备 1000 张图片，素材不会重复

不管是做产品描述，还是进行新媒体行业写作，若图片太少，所能展示的内容就非常有限。一直都使用那么几张照片，客户看了会很枯燥。我们每天都要写文章，多准备些图片，在使用的时候才会得心应手，不担心没有图片可用。

2. 可以从各个角度获得展示

从各个角度去展示，不只是在拍摄图片时，需要拍摄图片的各个角度与各个方面，还包括产品图、生产图、加工图、车间图、仓库图、包装图、发货图等。因为我们做的是 B 类生意，与零售不一样，虽然客户可能根本就不会仔细看我们是如何包装的，工厂怎样，但是一旦呈现出来，就能让客户心里有底，对我们有信心。

3. 图片数量大，可选择性强，可以从中选择更好的图片，展示给大家

图片数量大，我们可以用在很多地方，选择最优的图片。如果我们每篇文章都使用不同的图片，而且没有重复，看这些图片本身就是一种美的享受。

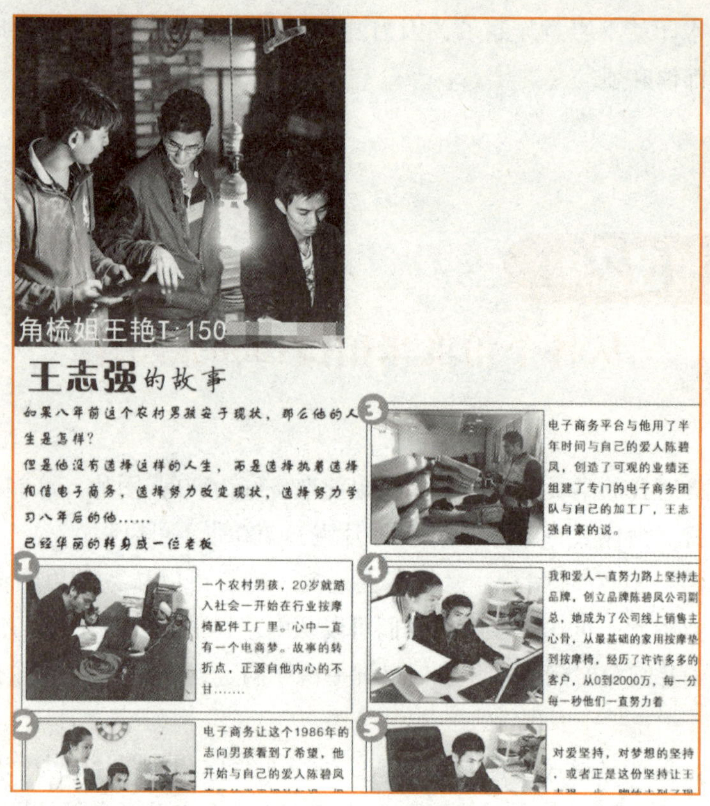

另外，我们一开始拍摄图片的时候，肯定效果不是很好，不能保证每一张都拍摄得很漂亮，多拍一些，我们就能从中选出最优的图片了，就像拍婚纱照，摄影师会拍摄几百几千张，然后从中选择一些比较好的照片，再修复一些细节。

拍摄照片时，我会要求学员尽量出现在照片里，比如，许立冲的公司介绍，内容中就有自己做事的图片，角梳姐的很多照片拍的都是她父亲做牛角梳的状态。

这样做有两点好处：一是保持原创，我有一个卖童装的朋友，他有一款产品很火，但经常会被举报盗图，有一次一车货都在路上了，链接却被删掉了。这让他意识到图片原创的重要性，从那以后他就让儿子拍照。二是增加信任度，别人看到图片中有我们本人，我们亲自在工厂里做产品，他们看到的是我们的用心、专业、诚意。

拍图是一部分，有时我们还需要作图，如海报，在做海报的过程中，我们的原图、素材图都要尽量保存，这样以后我们在作图的时候，就可以在这个基础上进行修改，大大提高效率。再有，不管图片后期做了怎样的处理，我们都要保存好原图，因为这些原图以后可以一直用。

第33招

学习行业知识，使其成为我们自己的知识

作为一个新媒体行业写作者，一定要努力学习行业知识，拥有丰富的行业知识，我们才能写出更专业、更有深度的文章，才能获得更多的机会。

大学毕业后，我进入工厂管理层，深知进入一个新的行业，一定要学习行业知识。我们的产品比较多，都是国际标准件，尽管会有很多参数，但都有规律可循，我大学学的知识就用上了。为了看懂图纸，我又学习了 CAD，这样不仅能看得懂图纸，也会画图纸，这都是用心学习的结果。之前公司只有老板娘会画图，现在我学会了，客户来咨询，我就可以直接报价了。

新媒体行业写作的人也应该这样做，如果对产品不了解，不清楚产品哪里坏了，要怎么维修，不清楚产品的材质是什么，禁忌是什么，又看不懂图纸，不知道怎么报价，一定会很辛苦。所以，我们一定要学习行业知识，融会贯通会受益终生。学习行业知识的方法有四种：

1. 借助网络学习

这是最基础的方法，假如我们做推土机行业，想进行推土机新媒体行业写作，就可以借助互联网了解国际推土机的十大品牌、推土机的发明者、推土机的工作原理等内容。

2. 看书

看书可以学习到更专业、更系统的知识，不管是电子书，还是纸质图书，都可以，我的很多学员都是通过看书来学习的，这种学习方法效率最高。

3. 深入工厂，与人交流

想做新媒体行业写作，想帮工厂销售产品，那么，我们就可以到工厂里

去转转，询问一些专业知识，了解产品是如何生产，如何包装，如何运输等信息。

4. 长期找行家学习

有些行业需要深入地学习，需要长期找行家学习，比如雕刻，这不是一朝一夕就能学会的，需要长期用心地学习，若我们能按照传承的操作方式去学，一定会获得更多益处。

以上四种学习方法，可以选择其中的几种去学，也可以四种都用上，这将大大提高学习速度。值得一提的是，不能等我们完全学会了再去写文章，要边学边分享，一开始我们了解的行业知识并不多，但可以分享学习感受。

我们学习是为了应用，为了写文章，所以，一定要把这些知识变成自己内在的东西，写作的过程中不能抄袭，只能引用，或者将看到的内容通过自己的理解表达出来。这是成长的必经过程，当我们有了丰富的行业知识做基础，才能创新，形成我们对行业的独到认知。

总之，行业知识是我们进入任何一个行业最基础的门槛，也是每个行业必备的知识储备，因此，对于从事新媒体行业写作的人来说，一定要用心学习。

第34招

自己一路走来的故事，所感所思最动人

在与人聊天，浏览网页的时候，我们会听到、看到很多故事，有名人故事，有名企故事，也有明星故事，还有我们身边朋友的故事，我们自己的故事也是新媒体行业写作中的重要素材。

我的一些学员，他们的文章没有太多的文采，没有经典的话语，他们的文章很朴素，会写一些身边的人或者自己身上发生的事情，比如，同学结婚了，去参加了婚礼，文章中穿插各种图片，很美好；每年的阿里年会，学员有幸参加后，会拍很多照片，回来之后，写下参加年会的过程和感悟，以及

在年会中收获了什么。

有的文章已经写了有些年了，但依然在流传，因为故事具有传播的性质，具有独特性，容易被人记忆，多年以后，很多东西都忘记了，但我们还会记得故事的梗概，此外，人们都喜欢听故事，所以，有些古老的故事，才会世代流传，历久弥新。

这也提示我们一定要好好地利用故事，让故事作为文章的素材。在众多故事中最感人的莫过于自己的故事，那么，在新媒体行业写作中如何写好自己的故事呢？

1. 创业连载

如护栏姐，她创业已经很多年了，因为之前没有写过相关文章，所以很多人都不了解她的创业过程，在我建议下，护栏姐开始写连载，以时间为主线，将所有的故事都通过时间穿起来，比如，第一次订单，第一次自己生产，第一个厂房，几十篇文章很容易就写出来了。

护栏姐创业经历：第一次看到铁艺制品就认定这个行业02
护栏姐创业经历：努力掌握铁艺护栏和铁艺花型的编号03-04
护栏姐创业经历：酝酿新产品，想把护栏变样子05 -06
护栏创业经历：每一次转变，都是前进的脚步！07
护栏姐创业经历：既然选择了远方，便只顾风雨兼程09
护栏姐创业经历：每一次相逢都是最好的安排10-11
护栏姐创业经历：用专业迎接沈阳的客户12-13
护栏姐创业经历：阳台护栏走进中国乡镇社区14-15
护栏姐创业经历:她用一颗感恩的心在工作！16-17
护栏姐创业经历：传承勤俭节约的优良传统19
护栏姐创业经历：恨你的人，也许正是激励你的人20
护栏姐创业经历：好设备是企业的手，不断增加新设备21
护栏创业经历：护栏姐文采飞扬的那些客户们22

发布会嘉：2016年阿里巴巴诚信通发布会嘉宾
第四本书：2018年1月出版《跟陈志红一起学阿里巴巴品牌建设》
行业专家：2015年被评为阿里巴巴行业专家
明星网商：2012年被评为阿里巴巴明星网商
优秀博客：2011年被评为阿里巴巴博客第一
第二本书：2016年出版《阿里巴巴品牌整体策划108招》。
优秀讲师：2013年被评为阿里社区优秀讲师
图书出版：2016年出版《阿里巴巴品牌营销108招》。
第三本书：2017年出版《写作：打造个人IP，成就企业品牌》
大赛评委：2016年全网诚信通营销大赛评委
专家红人：2012年被评为阿里巴巴专家红人
十大写手：2015年被评为阿里巴巴十

2. 主题穿插故事

以前我们写作文的时候都会有一个主题，比如主题是关于奋斗的，我们作文的内容可以写别人的奋斗故事。也可以写自己的奋斗故事。同样，我们写行业文章，也可以这样写，不同的主题文章，可以穿插很多故事，有时一个故事甚至可以使用多次。

3. 抒发故事中的感触

写这类文章的素材大多是不久前发生的故事，比如，前几天家长会，送家人去医院看病，写这类文章的重点不在于故事，而是注重由故事引发的所感所思，因为是自己亲身经历的，会有很多感触，也容易引发读者的共鸣。

按摩椅哥、按摩椅姐，他们的文章中经常会有故事，写所思所感，我们经常会与客户聊天，那么，客户也会有故事，我们从他们的故事中会学到很多有用的东西，这些都可以出现在我们的文章里。

有一次按摩椅姐在文章中写道：因为亲人生病，保姆又辞职了，按摩椅哥不得不赶过去亲自照顾病人，所以，按摩椅姐最近工作有点忙不过来，有点累，不过，客户还是蛮照顾她的，又有人来签订单了。这样的故事很朴素，却能让人有所感触，让我们看到的是平凡人的努力向上。

一路走来，我们会有很多故事，以后还会有更多的故事，这些都是我们写作的最好素材，千万不要忽视，这些素材能为你的文章增色不少。

第35招 别人的故事，也可成为我们写作的素材

在新媒体行业写作中，我们可以写自己的故事，也可以写别人的故事，写自己的故事是有限的，但我们每天都可以遇见很多人，听到很多故事，这些都能成为源源不断的素材。

我有一个学员，有一份稳定的工作，兼职做阿里，刚毕业的时候，她的生活很平淡，写不出什么故事，我建议她写一写身边人的故事，她就开始写她的老板。

她所在的公司规模很大，每次老板开会都会讲创业故事，她就将老板的创业故事写了出来，很感人，被推荐到阿里头条，带来了好几笔生意，老板得知她将自己的故事发表到网络上，非常开心，不仅给她发了奖金，还让她负责文字工作。后来，我又给她提供了几个平台，让她将故事发到多个平台，客户看到了她的文章，更加了解她的公司，了解老板的故事，不仅促成了更多的生意，还使故事得到了广泛的传播。

在这个世界上有故事的人很多，但能把它写出来的人很少，有的人不会写，有的人没想过要写故事，这就给我们新媒体行业写作的人提供了很好的机会，我们需要素材，我们身边优秀的人的故事都能成为我们的素材，同时，也会帮助优秀的人提高知名度，得到更好的传播。

在写别人的故事的时候，大家需要注意三点：

1. 听的时候，悄悄地记，安静地拍，不经意地问

比如，我们出去与老板吃饭，有时需要面对面地沟通，有时是一大群人一起吃饭，我们要认真地听别人讲什么，悄悄地记下来，可以先记在脑子里，然后上车后再记在手机里，而不能当场拿出纸笔，不然会吓坏别人，让人觉得不好意思，气氛就很尴尬了。

2. 写完之后，发给当事人看，然后再修改

因为我们写的是别人的故事，所以要顾忌别人的感受，由于是先记录后整理的文字，可能会有一些口误，此外，有一些东西他们是不希望别人知道的，我们写完之后，发给他们看，是对他们表示尊重，若对方觉得哪里不合适，我们应该尊重本人的意思进行修改。

3. 以赞美的方式宣传他人

以赞美的方式宣传他人，会让故事的主角更加开心，这不是奉承别人，每个人身上都有很多值得学习的地方，我们这样做，既让自己从中学到了别人的长处，又让客户看到了我们谦虚的态度，若能帮别人宣传产品，那就更好了，人家一定会开心的。

我刚开始在阿里上写文章的时候，从周一到周五，每天一个故事，一个故事就是一篇文章，有些故事是我自己的，有些故事是身边人的，之前我是工厂的准厂长，老板经常会带着我去认识很多行业内的朋友，他们都有很多故事，这些故事都成了现在我写作的素材。

写别人的故事，不局限于我们身边人的故事，也可以是听说的故事，如果我们没有机会见到更多的同行，可以写电视上的故事，历史上的故事，或者书中的故事。

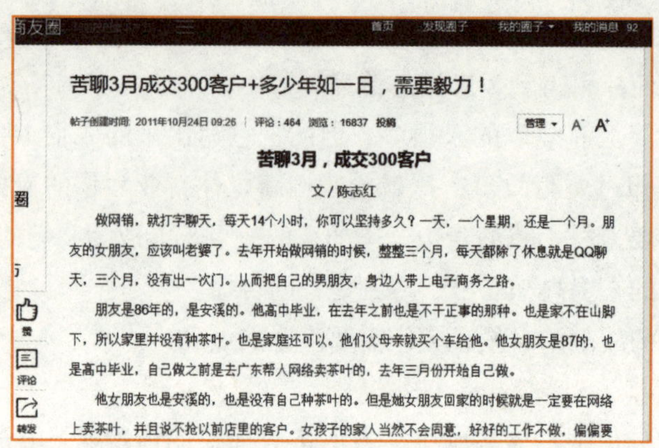

商友圈　首页　发现圈子　我的圈子　我的消息 92

苦聊3月成交300客户+多少年如一日，需要毅力！

帖子创建时间: 2011年10月24日 09:26 | 评论：464 浏览：16837 投稿

苦聊3月，成交300客户

文 / 陈志红

做网销，就打字聊天，每天14个小时，你可以坚持多久？一天，一个星期，还是一个月。朋友的女朋友，应该叫老婆了。去年开始做网销的时候，整整三个月，每天都除了休息就是QQ聊天，三个月，没有出一次门。从而把自己的男朋友，身边人带上电子商务之路。

朋友是86年的，是安溪的。他高中毕业，在去年之前也是不干正事的那种。也是家不在山脚下，所以家里并没有种茶叶。也是家庭还可以。他们父母亲就买个车给他。他女朋友是87的，也是高中毕业，自己做之前是去广东帮人网络卖茶叶的，去年三月份开始自己做。

他女朋友也是安溪的，也是没有自己种茶叶的。但是她女朋友回家的时候就是一定要在网络上卖茶叶，并且说不抢以前店里的客户。女孩子的家人当然不会同意，好好的工作不做，偏偏要

总之，只要我们想写，肯定会有很多素材，只要我们努力地去学，去接触行业内的人，就会有源源不断的素材，并能促进自我成长。

第36招

多走出去，外面的世界也跟我们产品相关

人只有走出去，才能开阔视野，写出来的文章才能有深度，有广度。所以，我经常会参加一些会议，这让我有幸认识了很多人，有著名主持人，有上市公司老板、经理，有知名投资人，与他们沟通交流，合影留念，让我感受到了不一样的世界，尤其是思维的不同，我在我的书中提到的“梦想、拼盘、生态、入口”，都是从他们那里学来的。

我的学员曾经问我，我只想卖产品，只想出单，为什么要走出去呢？其原因有三点：

1. 获得不一样的素材

没有走出去，没有见过大世面的人，他们的文字风格比较单一，内容比较单调，走出去的人，他们的文章素材会很丰富，既可以写工作，又可以写生活，还能写旅游、写情感，让读者看到一个多面的作者，当然，我们在这个过程中还能获得更多更美的图片，这也是为文章添彩的一个重要因素。

2. 认识更优秀的人，获得更快的成长

有些人一辈子都待在一个地方，待在老家，没有走出去过，他们的思想意识就跟不上。在我的老家，那些最早去县城打工的人，早早地就在县城买了房子，因为周围的人都买了，他们的思想观念就发生了变化，但那些一直待在老家的人，就没有这个概念。

同样的道理，当我们主动去接触更多的同行，就有机会认识更优秀的人，使我们的思想观念发生变化，从而获得更快的成长。

3. 让别人有机会全方位地了解我们，看到我们的用心

走出去，不仅能让我们认识更优秀的人，也能展示更优秀的自己，给别人了解我们提供一个窗口。比如，我们出去旅游的时候，将所见所想写成文章，把美景拍成漂亮的图片，在文章的下面可以带上我们的产品；组织全公司的人一起出去旅游，能让别人知道我们公司的福利很好。

在新媒体行业写作的过程中，每隔一段时间就要走出去，去了解一下新鲜事物，或者感觉有瓶颈的时候，也要走出去，去获得新的素材。

总之，我们要主动走出去，去联系别人，主动到一个新的城市，主动去旅游，去接触每一个人，聆听他们的故事，主动去阅读与记忆。因为外面的世界与我们的产品有关，与我们的眼界有关，与我们的思维、学习有关，在这个过程中不仅能提升自我，还可以扩大产品的宣传。

跟随热点，有素材，更会有流量

我经常会提到一个词——跟随热点，在每个时间段大家喜欢的东西，关注的东西，都不一样，比如春节前，大家关注的都是与春节有关的内容，我们在写作时也要顺势而为，才能使文章获得更多的关注，更大的阅读量。

对于一个平台来说，也是如此，每次热点都会吸引大部分的流量与注意力，所以，平台也会跟随热点。作为一个新媒体行业写作者来说，一定要深

谙这个道理。比如，快到春节了，你就可以写一篇——春节放假了，阿里旺铺该怎么打理？也可以写有关年终奖的内容，这样就会吸引大量的人参与讨论。若是微博，热点就更多了，微博上会有热门话题的排行榜。

那么，我们要跟随热点，要让热点成为我们的素材，吸引更多的流量与注意力，具体该怎么做呢？

1. 关注大号的文章

因为热点一出来，大号马上就会写，更新文章，他们的反应很快，有时甚至会半夜的时候写文章，当然，如果你关注微博，关注百度排行榜等平台也可以，不过，我认为还是关注大号比较好，因为他们对热点的把握度往往很好，什么能写，什么不能写，写什么一定能火，都很清楚，甚至他们本身就能把话题带火。

2. 符合节假日、行业本身自带的热点

比如，中秋节快到了，我们写一些有关中秋节的由来，晒一晒中秋节的习俗，都会很受欢迎；春节的时候，写一些春节的风俗，春节期间如何维护客户，如何打理工厂等，这些文章都应时应景。

3. 活动的热点

比如，做淘宝的人，可以写有关双十一、双十二的内容，做阿里的人，可以写商人节，做工厂的人，可以写广交会。除此之外，要抓住大平台的一些活动，进行热点追踪，写相关内容的文章，如京东的 618 等，参加活动的好处是会有资源倾斜，可以让我们获得更多的关注与流量。

活动公告　　昨日新增回帖 1099

标题	日期
【万里挑一】与明星袁立一起近...	4.23
在1688上卖东西是一个怎么样...	4.13
#我和大客户的那些事儿#征文...	4.12
【无线商学院】掌上学电商，轻...	4.9
【义乌商盟】2018年4月20日举...	4.9
【东莞商盟】2018第二期线下...	4.9
【商友圈内容委员会】3月推优...	4.8
#嗨战328#【店铺主题活动-全...	3.16
【深圳商盟】3月25号线下沙龙...	3.9
#嗨战328#《因为有你2》感人...	3.8
【宁波商盟】春暖花开之季 相...	3.8
【商盟活动】爆款成长营，3.17...	3.5

每一天都在发生着热点事件，这些都能成为文章非常好的素材，在跟随热点，应用热点素材写文章时，我们要注意三个方面：

首先，一定要关联到自己的行业与产品，这样我们的文章写得才有意义，当然如果你只是为了流量与粉丝例外。

其次，一定要原创，我们可以抓住热点的一个小点来写，进行横向写作，写之前，可以列出五个方向，挑选其中的一个来写。

最后，内容一定要积极向上，表达出来的要是正能量，如学习、祝福、赞美，如果觉得有些热点你写不好，那就可以先不写，并不是所有的热点都要跟。

寒冬送温暖，幸运仙子送祝福，看谁抢的多 原　管理

seolaoshi | 创建时间：2011年12月01日 10:51 | 浏览：24326 | 评论：2694

标签：SEO老师随笔　SEO老师效果　日记随笔　SEO老师技巧

“爆竹声中一岁除，春风送暖入屠苏。”2011年的春节就要到了。每年，我们都弄着迎春节的口号，将美丽的祝福送给别人。今年我们要试图改变，我们也要给自己送祝福，温暖冬日的寒冷，你想对自己说点啥呢？

活动时间：2011年12月1日----2011年12月30日
活动对象：阿里巴巴全体商友
参赛方式：直接跟帖表示祝福即可
活动规则：每位进来的MM或GG都可以预定自己想要的楼层。

跟随热点写文章虽然有很多好处，但因写得人较多，写得出彩有一定难度，一开始我们无须跟大号去比，以学习的姿态去做，只要用心就好，用心的文章就是好文章。

争取上台，创造更优质的写作素材

我们进行新媒体行业写作的一个重要目标就是在同行中脱颖而出，要实现这个目标，除了要踏实，用心做外，还要学会争取，争取更多的机会。

在阿里商友圈中有一个圈子叫福建商盟圈，盟主是强哥，他未创业之前，经常玩股票论坛，创业后发现阿里上有一个阿里论坛，以他要做就做到最好的性格，当然不甘心做一个无名小卒，于是，他竞选了论坛的版主，成立商盟后，又自选当盟主。除了他自身具备一定的实力外，也与他不断争取有关，所以，在很短的时间里，大家都知道了他。

生活中有很多素材可写，若你觉得素材多得写不过来的时候，不妨选择

一些更好的素材来写，而争取上台往往能创造更优质的素材，所谓的上台包含三个方面：

1. 圈子行业的职位

不管是大圈子还是小圈子，以阿里商友圈为例，这个栏目有很多圈子，每个圈子都有圈主、管理员，我们知道，每个 QQ 群都有群主，贴吧有吧主，微博的话题也有主持人，行业也是如此，有很多行业都有协会，协会里有很多职位，我们要争取去谋个合适的职位。

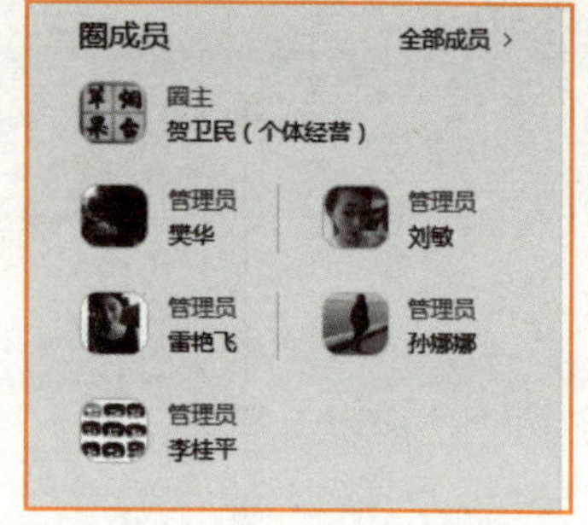

2. 行业的评选与获奖

每个行业每年都会有一些评选活动，线下评选的话，如果有大企业参加，一般都是较大的活动，当然，小企业也有获奖的，若没有大企业参加，一般为小型的评选活动。这与网上平台的评选活动是一样的。

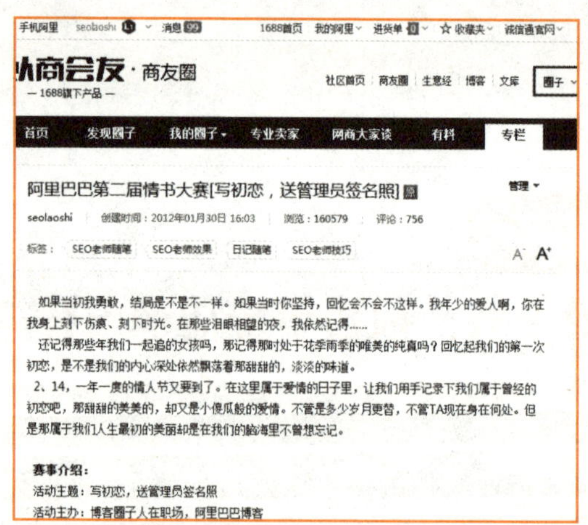

3. 活动赞助与上台

不管是大活动还是小活动，甚至是群里的活动，群友的聚会，这时需要的产品、需要的资金往往都很少，而且对赞助一般都没有要求，自愿参加，我们依照自己的能力去赞助即可。

赞助商信息如下：

1、2楼的孙娜娜　：宁津正捷网链输送设备有限公司-孙娜 赞助20.18元红包；（已给）

2、20楼的黄蓉　，赞助1688旺铺店招设计1个，尺寸1920*200；

3、19楼的孙蔓霞　，赞助10个热销款电蚊拍；

4、22楼的潘玉杰，临清市捷恩精工轴承有限公司---潘玉洁 赞助20.18红包；（已给）

5、26楼的武志山　，赞助红包21.8 元；（已给）

6、29楼的沈龙梅　，小网架45*15*67cm 赞助一个包邮；

上台，是指舞台、领奖台，不管是名字出现在台上，还是个人演讲，抑或者其他形式，我们都要努力去争取。

上台不是一件容易的事情，是有门槛的，这些都是我们脱颖而出，让别人知道我们的机会，有的人参加了一次大型活动，或者上了一次春晚，就一炮走红，这都是我们新媒体行业写作者学习的榜样，也应该努力让自己有更多的展示与出彩的机会。

在一个平台上，有我们很多的同行，在一个产业带里，有几千家几万家的企业，不少都是做了几十年几百年的企业，从他们身上学习到的东西，可以让我们事半功倍，受益无穷。每次争取一点，就能多收获一点，此外，上台能提高我们的信任度，能扩大传播的范围，同时又代表着我们的用心与努力。

阿里巴巴中国

#每天一个创业故事#【电商时代 SEO老师也疯狂】一个年轻小伙，4台破电脑，一年纯利超百万...他与别人不同的是，很多人是"晚上想想千条路，早上起来走原路"，而他，想到就会去落实，而且一直会坚持下去，点击进入他的故事：

http://t.cn/zYvnXu4

2月26日20:30　来自阿里巴巴1688.com　　(1) | 转发(81) | 收藏 | 评论(28)

第五章

新媒体行业
写作的方法与步骤

第39招

从一句话、一张图片开始写起，坚持下去

在决定是否进行新媒体行业写作前，大家都会有这样的顾虑：毕业这么多年都没有写过文章了，我还能写吗？还能写好吗？再好的文章、再长的文章都是一句话一句话积累起来的，只要你想写，愿意坚持，肯定能写好。

我的不少学员自己开办工厂，做管理者，负责生产或者销售工作，又刚接触网络，依然坚持边学习边写作，而且做得很好。

我有一个销售机械的学员，他跟我说："我一句话都写不出来，怎么办啊？"我告诉他，那你就先拍一张照片，什么都不要写，然后再让他每次发一张照片，配上一句话，比如，今天发了两车货，将这句话写在图片下面，就是一篇文章了。

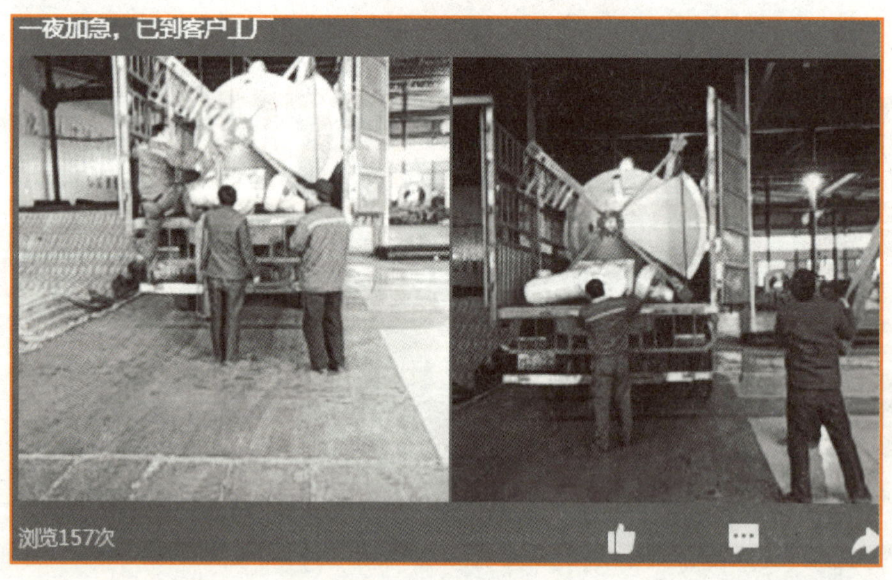

新媒体行业写作就是这么简单，一句话，一张图片，都可以称之为文章。当然，我们更希望自己的文章写得好一些。那么，如何才能写好文章呢？以下四点是我们努力的方向：

1. 一句话的文章一般发在动态里

这里的“动态”指的是微博、QQ，或者朋友圈等，这些地方都适合发短一些的动态，如果将一句话发到自媒体、发到专栏上，会觉得很突兀，因为别人的文章都较长，我们可以从先发动态开始，慢慢来。

2. 一句话的文章一天不超过两篇

有些人刚开始写文章，兴致很高，他们觉得反正一句话就是一篇文章，那就写 100 篇好了，也有人会拍 100 张照片，这样做非常糟糕，如此刷屏，会被客户屏蔽，一旦屏蔽就意味着你可能永远地失去了这个客户。所以，一句话的文章一天不超过两篇。

3. 渐渐把文章写长，达到一定长度后，就可以发正式文章

再长的文章，也都是一句话一句话组成的，我们可以试着一点点将文章写长，这样文章看上去才正式，才有深度，才能超越同行，获得更多客户的认可。

4. 坚持写作，长短文章相结合

坚持写作，一定能提高写作水平，写作是没有终点的，只要努力，就能更优秀一点，更有机会超越同行，比优秀者更优秀。

由此我们可以发现，写文章不难，尤其是新媒体行业写作，一开始我们可以不要求字数，少写一点也可以，等我们一点点努力，文章越写越长，再回过头来去看曾经写过的文章，就能看到我们进步的痕迹。如果说写文章难，难的不是技巧，而是坚持。

我有两个大学同学 A 和 B，A 坚持在 QQ 空间发天气预报，B 坚持每天在 QQ 空间拍一张天空，A 发天气预报是因为她女朋友要去实习，每天早上出门前，都要看天气预报，是否需要带雨具；B 坚持拍天空是因为他想学摄影，所以，就从拍天空开始。

两年后，A 每天都早起跑步，英语过了六级，考上了研究生。B 有了自己的工作室，在还没有大学毕业时，他们就已经先人一步，获得了很好的发展前途，这就是坚持的力量。

第40招

描写行业生活，从写日记开始

我们每天发动态也好，写文章也罢，都是在记录，比如，今天工厂停电了，厂里发货了，其本质就是写日记。上小学的时候，老师就让我们写日记，记录当天发生的事情，我身边有些人写日记的习惯从小学坚持到现在，坚持了十几年二十几年，让他们收获颇多。

首先坚持写这么多年日记，提高了他们的思维能力、文笔水平，其次，能坚持写日记的人，也肯定能坚持写很多事情。在网络上写日记，与我们在笔记本上写日记不同，在网络上写日记，有可能成就的是一个人，一个企业。

我之所以强调新媒体行业写作要从描写行业生活，从写一件事情，从写日记开始，主要有三点原因：

1. 提供最简单的、最现成的写作素材

当你不懂什么文采，不懂什么素材时，只要把每天做的事情描述一下即可，这是很多人都能做到的事情。

2. 因为每天的内容都不同，有助于提供信任度

每天都记录发生在身边的生活，每天的内容都不同，即使是同样的出货内容，今天是两车，明天是一车，时间不同，装车量也不同，这都能提高人们的信任度。

3. 容易坚持，容易进步，容易把文章写得更长一些

日子每天都在向前，可写的内容也在不断更新，今天我们写的是与这个客户成交，明天写的是与那个客户成交，今天我们去了这个城市出差，明天去那个城市出差，有内容可写，写文章就更容易坚持了。

写日记不一定每天都进行，如果有时间的话，建议每天都写，这有助于我们养成好习惯，在不知不觉中就会写很多的内容。拖拖姐，从第一天开始写日记到现在已经坚持近 1000 天了，这 1000 篇日记帮她带来了很多客户，

实现了很多转化。

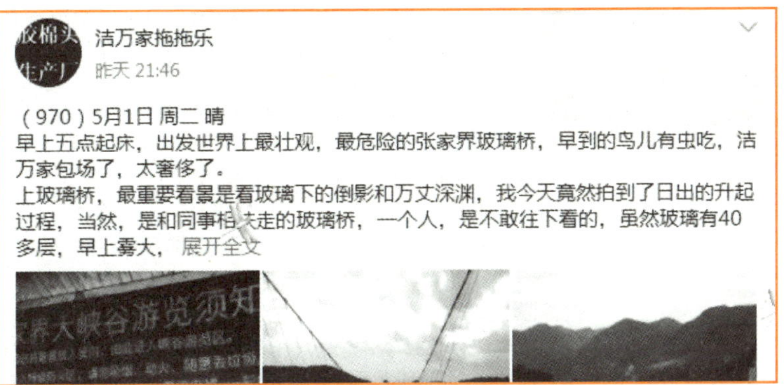

在互联网上写日记，与我们写在笔记本上，有很大的不同，我们应该注意三个方面：

1. 一定要坚持一个行业

一定要坚持一个行业，这是新媒体行业写作与老师让我们写日记最大的不同之处，后者我们记录的是每天发生了什么事情，难忘的故事，没有行业主题，前者需要我们深入一个行业，在行业中进步。

2. 当你不知道如何去写时，可以写一件事，就如同写日记

特别是刚开始，文笔还不是很好的时候，有时一天会发生好几件事，那么，我们只要选择其中的一件事，把它描述好、写好即可。

3. 尽量写有主题的日记

大家都喜欢看有主题的内容，当你有能力写好有主题的内容时，就不再只是日记，文章的雏形就出来了。

在新媒体行业写作中，描写行业生活的主题最重要。上学的时候，我们写日记都是随便写，没有主题，我有一个朋友就和我们不一样，她不走寻常路线，另外准备了一个日记本，专门用来记录每天让她开心的三件事，所以，从小到大她的心态都非常好，心态好的人都会很幸运，做事也很容易做成。

进行新媒体行业写作，一定要坚持写与行业有关的事情，这样我们的写作做好的概率才能更大，当客户看到我们的专业、专注、用心时，便是我们幸运时刻到来时。

第41招

说话是最好的写作素材

我们身边总有这样的能人，他们说的话非常经典，常常会被人引用，被很多人传播，尤其是一些名人，他们无意间说的一句话，都可能成为网络流行语。别人说的话也是我们很好的写作素材，有时稍微修改一下，加上我们的一些观点，都能成为很好的文章。

我的一些学员手下有不少员工，有些员工文笔也很好，但我还是要求他们自己写，或者自己口述，由文秘整理完成，当然，也可以把过去采访的资源整理出来，因为自己写文章的气场与其他人代写是不一样的。

为什么我们很喜欢采访名人的节目，因为这样的节目让人很舒服，就像是面对面的聊天，我也曾经给我的老板整理过电视台采访的内容，老板特意叮嘱我，直接整理说话的内容就可以，因为重新整理有可能会将原意改变，采访中表达出来的都是真实情感，重新整理，可以将其中的经典突出出来。

说话是最好的写作素材，我的不少学员之前没有写过文章，他们的学历也不高，有的只有小学、初中文凭，但效果却比很多人要好，一个重要的原因就是他们善于利用说话这个素材。那么，说话为什么是最好的写作素材呢？

1. 原汁原味，很亲近

若一开始写作的时候，就使用书面语言，肯定会少很多内容，因为我们会紧张，很怕出错，担心表达不好，而且很难写几百字的文章，可如果是面对面的聊天，或者打电话，就简单多了，我的学员大多都是做生意的，十分健谈，看他们的文字就如同与他们面对面，很亲近。

2. 有经验，很具体，有高度，有缘由

从事某个行业较长时间的人，都有丰富的行业经验，也许他们不擅长写，但经验一定有，也许你让他写一篇有关发货的文章他写不出来，但直接问他，

他会跟你讲得很详细，很具体，且很有高度，这些内容整理出来，就会是一篇高质量的文章。

3. 说话的内容非常丰富，便于从中选择最优的内容

对电脑不熟练的人，一小时打 1000 个字都会很辛苦，但要说话，一小时说三五万字都没有问题，因为说话的速度快。在众多说话的内容中，我们可以选择最好的、最经典的内容，就如同视频剪辑，突出重点。

我们群里有个老板娘，开始做阿里智库的时候，也不太会写文章，而且对行业不了解，不过，她老公对行业很精通，我告诉她，你可以像采访一样，采访你的老公，也可以一个人扮演顾客来买东西，另一个人扮演销售来卖东西，将这些内容录音，就是最好的素材，然后再整理成文字，配上图片，就是最好的文章了。

现在有很多使语音变文字的软件，所以，做这项工作很轻松，尽管这个老板娘是新手，但写作的速度很快，且质量很高，大家看她写的文章，就知道这个人有一定高度，有很多的经验，且十分亲切。

虽然说话是最好的写作素材，但口语与书面语还是有区别的，在将口述转变成文字的过程当中，要稍微修改一下。比如去掉多余的语气词，太多重复的内容，一些口误等。

第42招

主题清晰，文字不够图片填充

写文章要有一个明确的主题，写有主题的文章是新媒体行业写作的必经阶段。我常对我的学员说，有了说说，有了朋友圈，没主题也是文章，但是没主题的文章，每次一定只能说一件事，读者在读的时候才会明白我们的主题是什么。

但我们写专栏、写博客时，文章就要有明确的主题了。通常文章标题就是要写的主题，最初我们可以从写动态开始，一点点进步。另外，还要养成

随时拍照的习惯，比如，发货的时候，去一个地方，与朋友见面，都可以拍照，不一定拍摄正面照，可以拍背影，甚至两个茶杯都可以，这些图片都能与我们的文章很好的搭配。

新媒体行业写作的文章一定要有一个清晰的主题，其好处有哪些呢？主要表现在三个方面：

1. 方便阅读，方便查询

我们的文章是写给别人看的，如果没有一个主题，别人看得会很辛苦，有了主题，人们一眼就知道我们要写什么，若他们有兴趣，就会点进来看。就我们自己而言，若要查询以前的文章，比如我完成的一本书，要查询哪个章节哪个标题，若主题清晰，标题完整，查询起来就很容易。

2. 真正能把文章写长

有时你会发现只写一件事，很难把文章的篇幅写长，即使将事情的时间、地点、人物、起因、经过、结果都写出来，也不过是个流水账罢了。可是若用主题串联起来，我们就可以写好几个与主题一致的故事。以写奋斗为例，我们可以从写自己的奋斗写到身边人的奋斗，写到历史人物的奋斗，这样一来，文章的篇幅就长了。

3. 优化标题与正文，提升文章整体质量

有些人的文章写得非常好，正文承前启后，前后呼应，标题也很吸引人，我们多么希望自己的文章也能写到这个水平啊！要达到这个水平，文章必须要有一个清晰的主题，要提升文章质量，这是必不可少的一个因素。

用图片弥补文字的欠缺，也是权宜之计。这是我们的文章篇幅从短到长肯定要有的一个过程，比如，写一篇 800 字的文章，可我们最多只能写 400 个字，这个时候就可以在文章里添加一张，甚至两张图片，文章看起来就不会太短了，这是网络写文章独具的特点，因为大家关注更多的是事情有没有说清楚，主题有没有表达好，整篇文章的效果如何。

此外，有时一张图片可以抵得上千言万语，比如，我们与哪个明星合过影，写得再多，不如把图片拿出来，配上文字，既有说服力，又能让你的文章锦上添花。

我们在写文章时，内容要与图片相符，比如，有的文章是写如何发货的，有的是写如何包装的，有的是写春节来临，店铺如何打理的，那么，文章中的图片也要与主题相映衬。

SEO老师2月10号-2月25号放假，提前祝福大家新春快乐！

时间很快，又是一年春节到来时，很多工厂都已经放假，很多人也都已经回家。对于很多工厂，很多努力的人来说，春节是一年休息时间最长的时候，平常往往都是要加班。

在外奋斗一年，在这个时候也要回去跟家人团聚。当然，很多人放假了依然在做事。

我们的放假时间是2018年2月10号（农历十二月二十五开始），到2018年2月25号（农历正月初十结束），2018年2月26日（农历正月十一正式上班）。在放假期间，我们的微信QQ，我们的助理也依然都会在线。大家依然可以随时留言。

任何事物的发展都是一步步成长起来的，新媒体行业写作也是如此，从最初的一句话、一张图片开始，到写主题文章，我们无须着急，认真踏实地做好，很快就会成长起来。

第43招

每个主题都应该剥开来横向写作

为了能把文章写好，写的篇幅更长一些，我们需要一个清晰的主题，有了主题之后，接下来要考虑的是如何对这个主题进行表述，方法有很多，常用的方法是把主题剥开来，进行横向写作。

比如，看到 ×× 明星结婚了这个热点，我要写这个事情，先把关键字列出来：爱情、婚宴、奋斗、明星，包括他们拍的有名的电影，主角名等，将这些关键词展开，就可以写很多内容了，以关键词“爱情”为例，你可以写“真正的爱情，值得等待”等等。将主题剥开，进行横向写作的方法有三种：

1. 从小到大，从远到近

什么是从小到大呢？比如，要写一个人有多么的努力，可以从他小时候写起，写他初中读书的故事，写他大学努力兼职的事情，写毕业努力工作的故事。

从远到近该怎么写呢？比如，我身边有个人努力工作获奖了，我们可以写他在老家、在县城、在大学时候的一些事情，然后再写现在的情况。

2. 从大到小，从近到远

从大到小，这种写法不一定只写一个人，以主题“奋斗”为例，可以先写一个国家的奋斗，再写身处时代中每个人的奋斗。从近到远，还是以“奋斗”为主题，可以先写身边环卫工人的奋斗，然后写白领的奋斗，再写公司老板的奋斗，最后写历史名人的奋斗，层层推进。

3. 对比法

什么是对比法呢？写一个人一开始不努力，生活很糟糕，后来因为一件事情，改变了他，之后他开始努力，生活逐渐变好。这就是一种具有鲜明对比的文章，大家很喜欢看。

我的学员模具哥，一开始不知道如何进行横向写作，我就帮他写，相当于给他写一个模板，让他照葫芦画瓢。

首先在文章的开头与结尾处各写上一句话，开头处写的是：我是模具哥张跃，做注塑模具行业 20 多年了，今天来聊一下……（进入主题）在文章的结尾处写的内容是：我是模具哥张跃，一直做注塑模具加工，希望我的感想能让大家有所收获。

在文章开始，从自己带入，从自己的故事开始，会让人有兴趣看下去，最后再介绍自己，就像我们在发表演讲之后，再重新介绍一下自己，目的是让大家加深记忆。

第44招

行业知识是新媒体行业写作最重要的内容

行业知识是新媒体行业写作中最重要的内容，写作不仅能丰富我们自己的行业知识，也能帮助更多的同行，为行业的成长贡献力量。

做拖把头的拖拖姐，在未加入写作群之前，她写了很多内容，但很少写与行业知识有关的内容，我建议她先写 100 篇与行业知识有关的文章，比如，拖把头坏了怎么办？拖把头能用洗洁精清洗吗？在文章中带入公司的信息。如今已经过去了几年，这些文章的排名依然很好，持续帮她带来客户。

之前，我不知道什么是 PLC 放大板，也不知道什么是热镀锌钢护栏，但看了许立冲写的 PLC 放大板的知识，看到护栏姐写的护栏知识，我就很清楚了，他们还会写产品如何包装、运输、生产等，这些知识很受客户的欢迎，不少订单都来自于这些文章。

行业知识的写作难点在于你要十分熟悉行业知识，一个行业精英与一个行业小白写出来的文章，一眼就能分辨出来，所以，我们一定要好好学习行业知识。

新媒体行业写作的第一个步骤就是寻找问题，客户碰到什么问题，我们就帮他们解决什么问题，这样的文章很有价值。那么，如何寻找问题呢？

1. 在工作中，将别人咨询的问题收集起来

在销售的过程当中，肯定会有客户问：你的产品是如何包装的？你的产品有现货吗？可以大量批发吗？这个产品的行业前景怎么样？这样文章的标题就出来了。

1.什么是PLC放大板？
2.PLC与PLC放大板有什么区别？
3.继电器打火怎么办？
4.为什么继电器控制直流电磁开关老烧触点
5.继电器放大板触点为什么要并联压敏电阻？
6.PLC外壳新产品是这样的
7.PLC放大板为什么要并续流二极管
8.为什么要用可控硅放大板？
9.什么是继电器放大板？
10.什么是晶体管放大板？
11.什么是可控硅放大板？

比如灯姐，她销售小夜灯，就可以写这样的文章：小夜灯有现货吗？小夜灯可以大量批发吗？小夜灯的行业前景怎么样？

2. 在问题平台上面去寻找问题

网络上有很多问题平台，比如百度知道、阿里生意经，我们可以去寻找、去搜索与我们的行业、产品有关的问题，既方便速度又快。

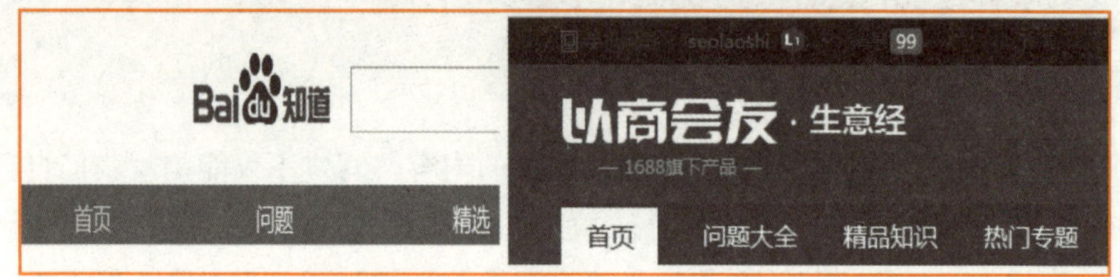

3. 跨行业寻找或完善同行业的问题

比如，我们做小夜灯，可以去看看窗帘行业的问题、墙纸行业的问题，有些想不到的，可以在这里找到。

什么是完善问题呢？看到同行的回答，我们认为自己可以写得比他更好，更加完善，更加简单易懂，那么，我们就可以重新写一篇文章。

其实，找问题的过程，也是学习成长的过程，回答客户的问题，可以帮助我们将思路重新梳理。经过思考整理出来的文章会更加的完善，以后再遇到同样的问题时，就能用更好的方法来回答。

我们去问答平台或跨行业找问题时，上面也会有别人的回答，我们要用心看，甚至做记录，那些好的回答，对我们写文章也是很有帮助的。

多年前，排在百度前面的基本都是企业网站。如今，时代已经发生变化，大家买东西一般都去专业的平台。百度对于知识、产品应用也更加的侧重，这对于新媒体行业写作者来说是一个很好的机会。

行业知识永远只有更完善，没有最完善，所以，我们新媒体行业写作的空间是非常大的，总会有进步的空间。

第45招 每一篇文章都要贴近专业，走进生活

能增加文章的篇幅，能有清晰的主题，能把行业知识写得专业，接下来我们要做的就是把每一篇文章都写得贴近专业，走进生活，因为文章是写给别人看的，要想让人喜欢，就要带有生活气息。

我认识一个人，他写行业知识的文章写得非常辛苦，而且还没有人看，因为他没有按照我们新媒体行业写作的方法与步骤进行，而是直接购买行业的图书，直接进行行业知识的写作，所以，写出来的文章没有人情味，全是专业术语。

可以静下心来想一想，我们喜欢什么样的文章呢？幽默风趣的，有故事的，同时又能学到东西的，叙述上深入浅出，即使再复杂的问题也能用各种比喻简单地写出来，这才是我们追求的目标。

我们写了那么多文章，客户不一定把每一篇文章都看完，但只要看到一篇喜欢的，就有机会与我们成交，很多客户都会一直关注我们更新文章，看着我们成长。我们的文章之所以要贴近专业，走进生活，主要有三点原因：

1. 突出产品

突出产品是新媒体行业写作当中必须要涉及到的内容，角梳姐不管写什么文章，都会提到她的牛角梳、羊角梳，模具哥写的文章总会提到他的模具。我们不是为了写文章而写文章，而是要通过写文章来获得订单，使我们在行业中脱颖而出，所以，一定要提到产品，让别人知道我们是做什么的，创造机会让他们来购买我们的产品。

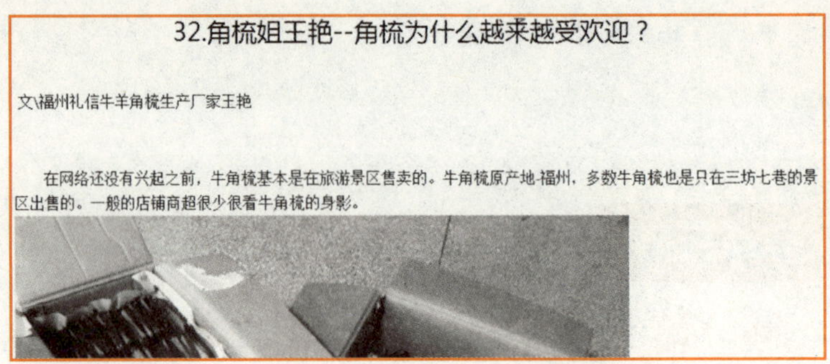

32.角梳姐王艳--角梳为什么越来越受欢迎？

文\福州礼信牛羊角梳生产厂家王艳

在网络还没有兴起之前，牛角梳基本是在旅游景区售卖的。牛角梳原产地-福州，多数牛角梳也是只在三坊七巷的景区出售的。一般的店铺商超很少很看牛角梳的身影。

2. 突出优势

突出优势，其目的是在同行中强化自己的亮点，吸引眼球。都是写明星结婚的文章，如果是一个卖模具的人来写，会是什么样子，一个卖家电的人来写又会是什么样子，肯定会联系到自己行业。

有些人写文章不仅会蹭热点，还非常幽默，比如，只要明星需要，可以免费送家电，增加了文章的可读性与趣味性，同时体现了我们与别人的不同。

3. 让人知道我们很用心、很专业

因为懂得行业知识，写出来的文章就很专业，这就是优势，文章能体现我们的专业和用心，读者从我们的文章中都能读出来。

作为一名新媒体行业写作者，首先要有专业的知识，然后要把专业知识表达出来，另外，我们不能传递出的只是冷冰冰的专业知识，文章还要贴近生活，有温度，不然人家看了一篇就不想看第二篇了。

此外，我们写的文章，读者群可能是行业新人，或者文化程度不高的客户，一定要让他们看得懂，若他们都能看懂，或者大多数人都能看懂，这样我们的客户群就会变大，会增加传播，生意也会越做越大。

去工业区走一圈，你会看到很多高楼与大厂房，很多都是几代人努力经营起来的，我们要想结识他们的老板，几乎不可能。

我们群里的灯姐、护栏姐、拖拖姐，他们的工厂规模也很大，但在网络上写出来的文章，贴近专业，走进生活，让人感觉很亲近，没有架子，这让他们接到很多订单。

总之，我们要懂得把专业知识变得通俗易懂，因为大家都喜欢专业的人，但又希望可以亲近，也就是说，更专业的知识，更通俗易懂的文章，才会带来更多客户、更多生意。

第46招 有品牌词、有关键字的文章才是好文章

就新媒体行业写作而言，什么样的文章才是好文章呢？能产生购买力的，具有传播特性的，能让客户主动下单，能产生持续购买力的，都可以称得上好文章的要素。但一篇好文章必不可少的要素有两个：一是品牌词，二是关键词。

我有一个学员，企业做得很大，她写了两篇文章，给研究生的女儿看，女儿说，妈妈文章写得很好，只是每一篇都在说自己做什么，像在做广告。

互联网上有很多人喜欢纯文学，他们写文章只是为了兴趣爱好，我们与他们的追求不同，我们进行新媒体行业写作的目的是把企业做大，接到更多的订单，所以，必须要时刻做广告，等到有一天我们接到了很多订单，又有了时间，就可以写纯文学的东西，甚至出书都可以。

因此，只要是新媒体行业写作就一定要有品牌词、关键字。关键字是指产品的名字或者产品的通俗叫法。总之，要让大家知道我们销售的是什么，具体来说，应做好以下三个方面：

1. 留下联系方式

这一点很重要，在很多平台是不能留下联系方式的，或者不能留一些特定的联系方式，比如QQ，但品牌词、关键字却是可以留的，而且是只要留下这些信息，别人就能找到我们，只要搜索即可。

2. 对品牌来说是积累

当我们写了100篇文章，如果不在标题上、正文里留品牌词，大家是不知道我们已经写了这么多的，但当我们加上品牌词后，读者在浏览网页时，能够经常看到，不仅能提高信任度，而且这些文章一直都在，也是对品牌的积累。

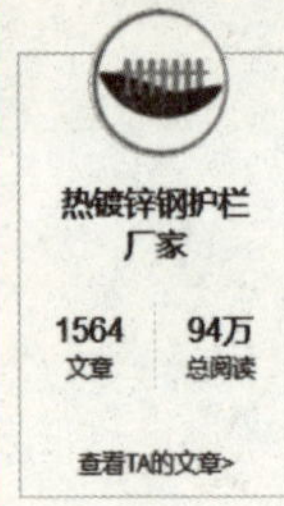

护栏姐武志山：平平淡淡的生活有陪伴也更温馨

2018-01-03 20:15

文/热镀锌喷塑阳台护栏厂家武志山

晚上回家饭后，看到我家小棉袄在写作业，她不写完作业是不会吃饭的，所以，我喊她几声她也不动，自己盛饭先吃，各人都有各人的事情做哈。

3. 让别人知道我们这篇文章所传达出的信息

读者读了我们的文章，就会知道我们是做什么的，知道我们做得如何，如果对我们的产品有兴趣，他们就会主动来咨询购买。

很多的平台不允许留广告，只允许正常的文章分享，碰到这种情况，要明白我们写文章是为了扩大知名度，让更多人看到我们的文章，从而产生购买行为，不过平台有平台的规则，既然我们选择了在这个平台发表文章，就要遵守它的规则，在文章中添加品牌词、关键字，很多平台都是允许的。总之，我们不能轻易放弃一个平台，尤其是大平台，一定要按照他们的规则来。

大平台有诸多好处，试想如果我们自己建网站，看的人会很少，若要推广，需要花费很大的精力与财力，而在大平台，也许一篇文章就有几千人几万人看到，且有很多大客户。大平台成就了很多品牌，品牌背后基本上都是产品，所以，我们一定要做好品牌词与关键字。

第47招

打造自己的风格，形成自己的模板

每个新媒体行业写作的人，都希望能在半年、一年之后，真正打造出自己的风格，所以，一开始我们就要努力打造自己的辨识度。

我的每个学员，他们的标题都会有专属的英文字母，比如模具哥专属英文字母是P，他的第36篇文章，就是模具哥张跃173P，然后才是文章的题目；PLC放大板许立冲，他的专属英文字母是T，T放在头一位，先写T040PLC放大板，然后才是文章题目，或者是T040PLC放大板专家许立冲+文章题目。总之，每个人的专属英文字母都不同，这是我给他们设计的，目的就是与众不同，形成自己的风格。

风格的设计不只是专属英文字母这一项，拖拖姐写了很多日记，每篇日记基本上都是三张图片，她的文章前会标明是第几篇，然后是时间，星期几，这都是在打造自己的风格，形成自己的模板。

为什么我一直强调要打造自己的风格呢？主要有三个方面的原因：

1. 增加辨识度，容易规模化

如果我们都没有在标题前加上名字、品牌名，别人就不知道这是谁写的，若加上特定的符号，就不一样了，一看就是同一个人写的，尤其是品牌名，如果我们的文章上了首页的排名，一看全部是一样的标志，这就是规模的力量。

2. 用好自己的优势

每个人的文笔不同，每个人的关注点也不同。就像有的人喜欢看电影，有的人喜欢化妆，一个在机械行业做了十年的人，若他喜欢看电影，在新媒体行业写作时就可以引用电影故事，甚至可以写专业影评；如果你销售的是大众产品，且喜欢化妆，就可以每次化完妆之后自拍，若本身就很漂亮，那效果会更好。总之，我们要发挥出自己的优势，这样就使别人很难模仿我们。

3. 增加稳定度，容易脱颖而出

有一天我们的某一篇文章爆红了，我们就可以模仿这篇文章，以后的文章质量就不会太差。有人曾问过叶茂中：做了这么多年，会不会担心做出不好的广告，他说不担心，因为形成了流程，形成了风格。对于我们写作者来说也是一样，我们一直模仿第一名，也许不能拿到第一名，但总会有机会可

以一点点向前靠拢，时间久了，或许就会形成自己独有的风格。

打造自己的风格，就是写属于自己的、独一无二的故事。我有个朋友在淘宝卖女装，大家都从外面请模特，但他却让女朋友当模特，还配上很多生活花絮，在微博、在店铺更新，吸引了很多人关注，因为大家不只是去看新品，还会去看他们的爱情，他们的吵架，他们的努力，都展现在人们面前。

我还有一个朋友在阿里上卖服装，她是个女孩子，自己做模特，人长得漂亮，还喜欢摄影，所以，她的产品卖得很好，因为大家不仅喜欢她家的衣服，还喜欢她。

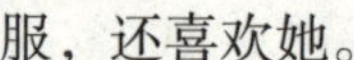

所以，我们也要做出自己特有的东西，有辨识度，可以模仿别人，也可以不去模仿，总之要形成自己的优秀模板。

当我们有了优秀模板后，只要一直复制即可，写作时，虽然有时素材不同，有时使用的图片不同，却可以表达出自己的东西，当然，模板的形成不是一朝一夕的事情，需要不断地总结修正。

第48招

批量化写作，复制自我写作

新媒体行业写作有很多优点，批量化写作就是其中之一，这对促进企业营销大有帮助。学员灯姐，开了 14 个诚信通，因为她有 14 个网销业务，现在很多企业都有专门做网络销售的人，一个企业可以有多达几十、几百人的网络销售人员，据我所知，最多的一家网络销售人员有 3000 多人。

有些企业会派好几个人来我这里学新媒体行业写作，他们的执行力非常强，而且很有先机意识，因为他们知道在网络中占据有利位置的重要性，所以，他们都是批量化写作，很多人同时在写。进行批量化写作时，要注意以下几点：

1. 确定产品名与品牌名

品牌名一般都是固定的，但公司的产品往往会有很多种，有时主打的产品就有几种，如护栏姐，她的产品有公路护栏、阳台护栏、基坑护栏等，现在很多人在同时写文章，品牌名一定要一样，但产品关键字可以不同，一个人写一个或者几个关键字，重点关键字要有更多的人写，注意员工写的时候，一定要用笔名，因为他们有可能辞职，用笔名就不需要修改，这也是一种积累。

2. 账号用公司的统一账号

比如在一些平台，我们没有开通那么多账号，员工写完之后，就可以一起放到这个账号里面，只要标明每个人的笔名即可。若员工有独立的账号，那么，在他们辞职之后，就要修改密码，因此注册时一定要用公司的手机号，用公司的执照去注册，以便于积累。

3. 按时按量写，上首页或者是数量多，给予一定的现金奖励

大家一起写文章，我们希望他们都能进步，而且希望他们一有空的时候就写，我们就可以规定最低写多少文章，写得多的有奖励，建立了标准，树立了榜样之后，大家就会去模仿，有了奖金就有了荣誉，这样大家在写的时候，会更有动力，那些优秀写作者写的文章，一定要保存好，这都是财富，是非常好的素材，即使以后员工辞职，这些文章依然属于公司，公司可以继续发表。

此外，还有一种复制自我的写作，每个人形成自己的优秀风格后，都可以做到这一点，我刚到阿里的时候，看到很多人的文章上了首页，就在思考如何让自己的文章也上首页，我就模仿了其中的一篇，她的文章标题都是 11 个字，正文 8 段，结果我模仿的那篇文章真的上了首页。

之后一年多的时间，每个星期我至少写 5 篇文章，每篇文章的标题都是 11 个字，正文都是 8 段。一年时间我写了几百篇文章，最终获得阿里优秀博客第一名。

新媒体行业写作可以批量化进行，这对公司来说，效果会非常好，就我们个人而言，研究出自己的风格，不断地进步，也会越来越好。

第六章

如何传播
行业知识，打造品牌

第49招

比写文章更重要的事是正确地发文章

写文章固然重要，但比写文章更重要的是发文章，发文章就像考试一定要交卷才能评分，有才艺一定要上台才能被人欣赏一样。

我的不少学员已经是老板、老板娘，但工作依然很拼，有些既要照顾小孩，还要工作，甚至在家里带孩子的同时还要负责网络销售，总之他们从来没有停止过成长的脚步。

有一个女学员，她老公做业务，她之前是文员，有了小孩后，便在家里照看两个孩子，她一直在想如何多学一些东西，后来加入了我们的新媒体行业写作培训群，在选择方向上经过一番挑选之后，选择帮老公做销售。一开始她老公回家后就玩电脑打游戏，渐渐地，他发现接的订单越来越多，就给老婆换了新的笔记本，每天下班后也不再打游戏，而是帮着老婆发文章，夫妻共同努力，事业越做越好。

新媒体行业写作跟传统写作不同，传统写作写完发给杂志社、出版社，或者参与评奖，而新媒体行业写作的最终目标是获得订单，在行业中脱颖而出。我之所以强调发文章比写文章更重要，主要有三点原因：

1. 将文章发到多个平台，才能提高展示量与订单量

客户在网络上看到我们的文章，看到我们的信息，才可能产生购买，而我们要尽可能地让别人发现我们的信息，就一定要将文章多发一些平台，每个平台上都有可能有我们的客户，他们需要优质的素材，所以，我们要尽可能地将我们的文章多覆盖一些客户，才能提高订单量。

2. 多发文章才能积累品牌

这与我们策划一个很好的广告，之后要反复展示播放是一样的道理，投放广告的价格很贵，不管是地铁还是火车站，抑或者是城市中心，但依然会有很多商家去投放，目的就是进行品牌积累。

新媒体行业写作的好处就在于除了写文章、发文章需要消耗时间成本外，并不需要其他的成本，我们写一篇文章与写一百篇文章的效果是不同的，写300字的文章与写2000字的文章效果也是不同的，只要多努力一些，对品牌积累就更有帮助一些。

3. 发文章也有利于学习，了解行业新动态，使自己的文章顺应潮流

在一个平台上会有很多人写文章，我们在发文章的同时也能看到其他人写的文章，这对于我们来说也是一个学习成长的过程，在发文章的过程中，我们会有意地去留意平台上首页的文章，由此可以了解平台的活动、平台的最新方向，我们在写文章的时候就可以及时做出调整，而不只是埋头写，在脚踏实地的同时也要看清方向。

我主张学员自己发文章，因为自己发文章会更用心，若不是自己亲自发的文章，也要隔一段时间去看看所发的文章，看看文章的格式是不是有错误，都发到了哪些平台，是不是很用心地在发，尤其要注意排版格式，排版好的文章会让人赏心悦目，就像打扮过的女孩子。

最好文章的排版要有固定的格式，比如，一定要用什么字体，一定要标题居中，图片要什么格式的，一定不能有不规距的空格，如此下来，一篇文章的布局就不会太差，加上不定期检查，效果会越来越好，总之发文章也要注意每一个细节，用心努力。

第50招

设置三个大本营，广告与流量在此交汇

经常有人问我：志红老师，文章都应该发到哪些平台呢？答案是越多越好。文章虽然说是发的平台越多越好，但也要分清主次，不能眉毛胡子一把抓，在发文章之前，我们要设置好三个重点打造的平台，即大本营。

我的很多学员做的都是传统行业，同时也会做阿里，那么，我们的大本营就是阿里专栏、微信、QQ。阿里专栏能直接点进阿里旺铺，从而很快地产

生成交，而微信与 QQ 这两个软件使用的人数基数大，也最为常用。

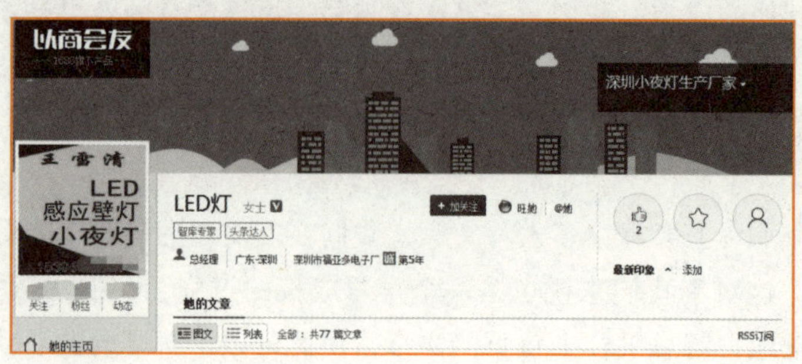

我们要做的第一步就是在营销上做闭环，比如，你在 QQ 上可以看到我们的旺铺地址、阿里专栏地址，以及微信、电话。那么，你在微信上，也可以看到旺铺地址、阿里专栏地址，以及电话和 QQ。虽然阿里旺铺上不能留 QQ 和微信，我们可以留电话，客户打电话过来，我们可以在沟通中让对方加上我们的微信与 QQ。

我们发文章前的第一步就是选择大本营，设置大本营。需要特别提醒的是，在设置大本营时，除了要写上联系方式，更要写上品牌名，产品与主营，并做漂亮的装修，若不装修就像我们家里住的毛坯房一样，会很不美观，不管其他平台有没有装修，至少这三个大本营要用心装修，自己不懂装修的话，可花钱请人装修。那么，我们为什么要设置三个大本营呢？

1. 大本营是离客户最近的地方

我的学员大多做生意，有自己的客户，即使没有客户，也需要与有意向的客户进行交谈，做生意的一个重要经验就是要把生意做到客户的家门口，每个客户都有微信、QQ，我们用微信、QQ 做大本营，他们看了也会很舒服，QQ 发文章主要有说说和 QQ 空间两个渠道，微信则是发朋友圈和公众号。

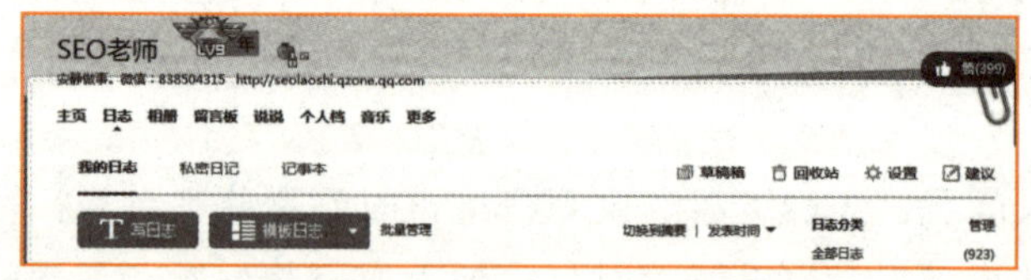

2. 大本营一直都在，方便客户的咨询与购买

我们的大本营 24 小时不打烊，全年开业，客户要购买产品，可以直接在里面看，直接点击我们的店铺即可，如要咨询、要购买，也可以发信息给我

们，对客户来说，打开手机发个信息很方便，而我们的QQ、微信也要保持24小时登录，大本营一直都在，会大大增加客户的信任度。

3. 大本营能给客户带来最好的展示

客户一直在用微信、QQ，也会经常关注上面的信息，当我们发一个动态的时候，他们能立马看到。我们做广告最担心的就是消费者看不见，而做好大本营，我们就不会有这样的顾虑，每一次广告对于我们来说都是一次积累，包括信任度的积累，品牌的积累，流量的积累。

大本营至少要做三个，为什么？因为太多我们照看不过来，有些客户在这个平台留言，有些客户在那个平台留言，我们会看乱。有人问我做一两个可以吗？一两个的话，客户会觉得不方便，比如有的客户可能没有QQ，那么，他就可能不会为了你专门去下载一个QQ，三个平台能增加抗风险能力，倘若哪个被限制登录了，至少另外两个还在，而且三个平台也能增加展示度。

当然，这三个平台不一定是阿里、QQ、微信，你也可以使用微博、知乎等，如果你在淘宝上做销售，积累粉丝，也可以使用淘宝，在简书上写文章，可以用简书。每个人可以选择最适合自己的平台，进行重点打造，但这些平台一定要离客户最近，能积累客户，方便客户。

另外，如果忙不过来，可以只更新大本营的文章，将其他平台的客户引流到我们的大本营。

第51招 选择重点平台，写100篇文章后争取上首页

建立了三个大本营之后，还要选择重点平台。我的很多学员都做阿里，其中有一些已经有了不少粉丝，但有的人粉丝量很少，有一个学员告诉我，他有两个微信号，加在一起才有一万人，我告诉他这已经不错了，不要说有一万个客户，就是有5000个客户，将其经营好，都有可能让你的公司上市。

做B类生意订单往往都比较大，吸引来的都是大客户，所以，客户多

少并不是非常重要。我有一个学员，他只有两个客户，一年的销售额却高达 3000 万元，当然，每个人所做的行业不同，选择的重点平台也不同，也有的人有好几万粉丝，却赚不到钱。

针对我群里学员的情况，大多数人选择的重点平台为阿里，阿里这个平台有很多栏目，如阿里智库、阿里圈子、阿里专栏、阿里头条等，在阿里上写作，主要会用到以上几个栏目，所以，群里人的写作风格大多是阿里文章的风格。

选择重点平台有两点原因：

第一，保持一个平台的风格，不仅效率高，还能提高辨识度。每个人的精力都是有限的，把每个平台都做好不太现实，如在公众号上写文章与在微博上写文章是不一样的，在公众号成为热点的文章，微博上说不定没人看；在公众号上写得很好的文章，在阿里也不一定能上首页。百家号与今日头条，虽然很类似，但是需求的文章是不同的，侧重点也不同。我们做好一个重点平台，不会太累，而且清楚自己的方向，介绍自己时，能够直接介绍。

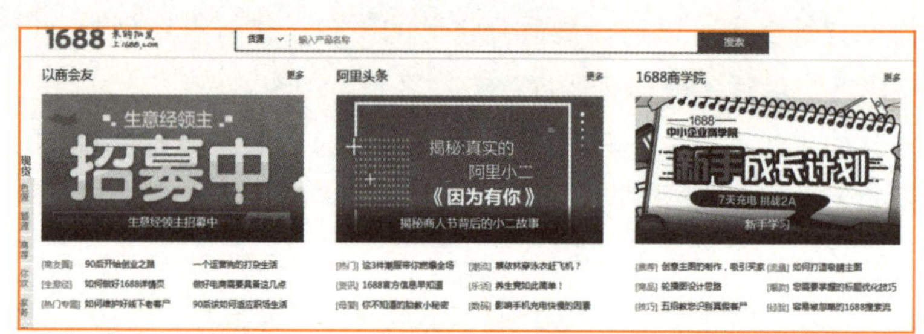

第二，做好一个大平台后，其他的平台往往也能做好。在大平台有太多优秀的人，会有很多同行，若我们在这个平台做到最好，在其他平台也会有很高的信任度。当我们重点做好一个平台，能在这个平台脱颖而出后，其他平台的人也能看到我们的制高点，也会看到这个平台的信任背书，会主动来找我们，转化率、信任度都会很高，实际上能在一个大平台做到极致已经足够了。

我和我的学员之所以选择做阿里，是因为研究阿里上的文章方向，就可以推测出最新的活动，我一直告诉我的学员，当你写完 100 篇文章后，要想着上首页，上重点平台的首页，为什么上首页要在 100 篇之后呢？

首先，上首页代表着方向，代表着你的能力，就阿里而言，阿里的方向就是我们的方向，我们上了首页，才会让更多人看到，才会有更多流量和更高信任度。所以，我们一定要研究如何上首页。

其次，如果我们前期没有写够 100 篇，只写了三五篇，效果不会好，转化率也不会高，这就像建房子，地基打得深，房子建得才结实。

再次，写 100 篇能让别人看到我们的坚持与努力，我们写了 100 篇文章，本身就已经很有分量，再加上上了首页，效果就会更好。

另外，在写够 100 篇文章之前，我们要一直写产品知识，这很枯燥，而且一开始也不会吸引太多的目光，但这是基础，是入门的门槛，并且是能带来订单量的文章，所以，这一点一定要把握好。我的一些学员，他们的文章很少上首页，但因行业知识写得多，生意做得也很好，订单不断。

第52招

每篇文章都必须有图片

新媒体行业写作的每一篇文章都要有图片，这是我对学员的硬性规定，通常在写文章之前，我就要求他们备好图片，而且最好是自己拍的图片，提前保存好，因为有图片会为文章增添色彩。

我在阿里上的文章，都会在文章中加上图片，而且图片要与文章主题相符，为什么要加图片呢？因为我发现上首页轮播图的文章或阿里博客上的很多的推荐位，都需要图片链接，如果我的文章里没有图片，他们要推荐我的文章就要去其他地方给我找图，若我把图片放进文章，他们在推荐的时候速度就很快了，因此，在质量同等的情况下，他们肯定会推荐有现成图片的文章，当然，文章质量是前提。

护栏姐，每次写文章都会加上图片，比如，今天公司组织员工旅游了，将图片拍下来；今天天气很好，一家人去爬山了，也拍下来。文章质量已经很好，再加上这些漂亮的图片，岂不是更加的赏心悦目了吗？看到她的文章，就让人忍不住想点开看。

安静做事，在成长中到达远方

站在阳台，我们看到的是整个城市的一直建设。走进房间，安静的是我们的内心。在路上，我们看到的是往前的脚步匆匆，而在喧嚣的世界里，我们看到的依然是往前走的人。

每个往前走的人，他们都在安静做事，在成长中，又达到了更远的远方。许久不见朋友，他说，他现在也每天都要写文章。我说，你写多长时间了呀，都不知道。他说了，写了将近2年了。书下个月要出。我说，你真的很厉害，之前都没有听说……

总的来说，在文章中加入图片有四大好处：

1. 让看文章的人感到轻松、有趣

若一篇文章很长，一眼看上去全是文字，又没有图片，很难让我们从头看到尾，但有图片就不一样了，可以让眼睛暂时休息一下，不用那么累，而且有些图片本身就很有趣，有些特别讲究的人，出版一本书还会专门找人绘

画插画，可见图片还是蛮吸引读者的。

2. 增加文章的信任度与完整性

比如，我们今天去采访了哪个名人，肯定会与名人来张合影，出去玩的时候，看到漂亮的风景，也会拍下来，我们的产品包装很好，不仅会用文字表达出来，也会拍成图片，展现出来，这些图片能增加文章的信任度与完整性。

3. 留下联系方式，方便客户联系

有不少平台是不能留联系方式的，但可以插入图片，插入图片的时候，允许在图片上打上水印，只要不影响阅读，那么，我们就可以在水印中加上品牌名，若能加上联系方式最好，这样客户就能够方便地找到我们，也方便那些要转载分享我们文章的人，不需要重新找素材，直接就能使用。

4. 为内容做推广

有一些消费者购买产品，会依照图片的样子来采购，要么直接在百度图片里搜索，要么直接把图片拿上来搜索。如果我们的文章中有图片，又被百度收录了，就很容易被搜索到，增加了展示与购买的机会。

社会的发展产生了不计其数的行业，生产的产品也多种多样，与我们的生活也有着千丝万缕的联系。面对五花八门的产品，即使同一类型的产品也是有很多很多的，我们会怎么挑选呢？就像我们的玻璃钢格栅，猛地一看也差不多，怎么区分呢？

玻璃钢盖板型格栅 玻璃钢耐酸碱格栅

俗话说的好：没有对比就没有伤害。我们看一下右边的玻璃钢格栅，外观做

另外，我建议最好在文章写完后，在文档里插入图片，这样发文章的时候就可以直接复制，尤其是有些文章需要其他人帮忙发到平台，他们不知道去哪里找图片，不知道该插入怎样的图片，很麻烦。所以，大家先把文章写在 word 上，写完文字部分后插入图片，也方便保存。

关于文章的图片，最好使用唯美的图片，群里有一个学员销售茶叶，他十分困惑地问我：真不知道怎么能拍出那么多的图片。其实很简单，只要换背景就好了，比如拍茶叶，你可以拍茶叶的包装，请模特配合拍一张，再请家人配合拍一张，这样就会有很多图片了，尽管还是那个产品，但背景不同，

图片也不同了，给人的视觉感受也不一样，有美感也有真实感，既提高了文章质量，又提高了产品销量。

大本营之外，还要有20个平台做支撑

发布文章，除了要有大本营、重点平台外，还要有其他平台，这样我们的文章才有机会被更多的人看到，才有机会获得更多的订单。从理论上讲，当然是平台越多越好，最少也要有 20 个平台。

我的学员们，除了我给他们设置好的平台外，还有 20 个平台做支撑，这就相当于一篇文章发到 20 多个地方，这样客户会发现很多地方都能看到我们的文章，其实只是我们比别人多努力一些罢了。

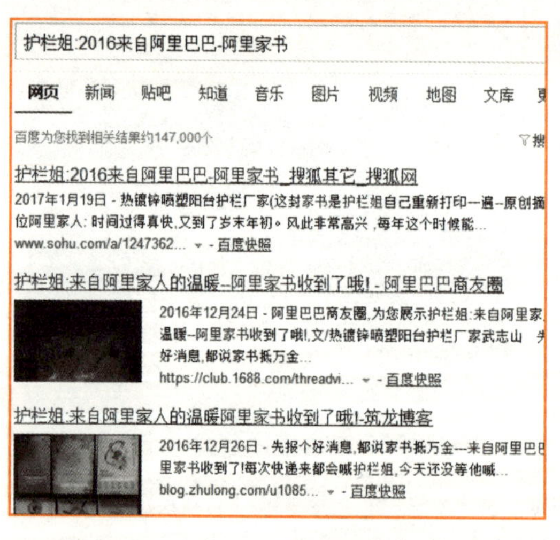

因为平台较多，一开始没有太多业务的时候，学员们还能亲力亲为，自己去发文章，后来业务越来越多，忙不过来了，只好请人代发，即便如此，我的学员也会抽查，因为我们要做到每个平台都发到，每个排版都要做到用心，争取做到最好看。

为什么一篇文章发到大本营、重点平台后，还要有 20 个平台来做支撑呢？其原因有三点：

1. 让更多的人看到我们的文章

这一点很好理解，众所周知，现在的自媒体平台很火，人人又都有手机，习惯用手机浏览自媒体 APP 里的内容，如只发一个平台，流量就只有几百几千，甚至更少，但现在平台多了，如果每个平台都有我们的文章，浏览量就会很大。

2. 使文章的价值得到充分的体现

发一篇文章很简单，复制粘贴即可，但写一篇文章就很辛苦了，需要一个字一个字地敲出来，如果我们的文章发表的平台太少，文章的价值就没有充分地体现出来，所以，我们要多发些平台，成本增加不多，但效果却会好很多。

3. 产生规模效应，增加品牌度

这是我们一直追求的目标，模具哥、许立冲、护栏姐等，他们每写一篇文章都会发到很多平台，当客户搜索一个关键字的时候，他们的很多文章都会弹出来，甚至同一篇文章不同平台都会在首页显示，这肯定会比一篇效果好很多，这种规模效应，有利于增加品牌度。

有人问我：志红老师，你能不能给我提供 20 个平台呢？这样我就不用去找了。这是不可以的，因为每个行业都不同，每个人的产品、侧重平台也都不同，建议大家还是自己去找。那么，该如何选择平台呢？

第一，选择最新最火的平台。如之前的微博，当然，现在微博依然还很火，还有自媒体，这些平台都要利用起来，而且是要把不同的自媒体平台都用起来。

第二，参考同行的做法。我们在搜索的时候会发现同行都在使用哪些平台，既然我们能很容易地搜索到，说明这个平台效果很好，我们也可以去用。

第三，跨行业参考。如做窗帘生意的人，可以参考做墙布、做地板生意的人发了哪些平台，因为这些生意都属于装修行业，有一些共性。

当然，这 20 个平台不是一成不变的，有时工作太忙，有些平台可能没人打理了，就可以放弃；有时有些新平台火起来了，我们可以去做新平台。不过，我们在放弃一些平台前，要告诉我们的客户为什么放弃，可以去哪些平台找到我们，不然客户会以为我们换行业了。总之，要让客户知道我们一直都在，有需要随时可以找到我们。

第54招

所有平台发文章尽量同步，做到周期性发布

发文章时，所有平台要尽量同步，而且要做到周期性发布。最初我在阿里上写文章时，周一到周五，每天早上 9 点半前，我都会发文章，因为阿里的小二会在上午 10 点推荐一些文章上首页，每天下午三点前还会推荐一次，如果早上的文章没有被推荐，我会马上再写一篇，争取下午三点的那次被推荐。

如此我坚持了一年，一年后成了阿里巴巴优秀博客第一名。另外，由于每次在博客发文章，我都会把文章复制到阿里论坛，所以，那年阿里巴巴评选十大写手的时候，我是第二名。

我这些平台的文章一直都是同步发表，而且做到了周期性发表，其实要做到这一点不是很难，难的是很多人坚持不下去，他们往往是有了灵感才会去写，这样很难做得好。

为什么所有平台发文章要尽量同步，而且要做到周期性发布呢？

1. 所有平台同步发文，效率最高

我们只要复制一次正文，复制一次标题，就可以一直粘贴，如果不是一次性发多个平台，就需要分几次复制、粘贴，效率会很低，另外，一篇文章在多个平台发，可能会被多个平台推荐，形成规模效应。

2. 养成新媒体行业写作的规律

刚开始在阿里上写文章时，从周一到周五，每天都写，即使出差，我也会提前写好，以便让我养成行业写作的习惯与规律，经常看我文章的人如果看我的文章没有按时发布，他们也会提醒我，督促我按时写作。

3. 保证文章的数量

假如我们规定从周一至周五每天写一篇文章，那么，我们可以计算一下一周写几篇文章，一年写多少篇文章。如果不能将这个写作的规律坚持下去，一年也写不了几篇文章，如养成固定时间发文，甚至提前写好，我们就能实现自己的写作目标，甚至文章数量比预计的还要多。

不过，有些平台会有要求，比如，两天才能发一篇文章，或者一天只能发一篇，有些人是团队写作，文章的数量比较大，那么，就可以保存在平台发文的草稿箱中。

总之，不管是自己亲自发文，还是员工代发，都要尽量做到多个平台同步，周期性发文。比如，我们重点做阿里平台，而慧聪网也属于 B2B，就可以把文章同步到慧聪，那么，我们的文章就有可能同时被阿里、慧聪推荐，而很多看阿里社区的人，也会看慧聪社区，这样效果会好很多。当初我就是在阿里社区和慧聪社区同时发文。

现在，我虽然不会从周一到周五每天发文，但发文还是有规律的，每周一、三、五早上发文。我的一些学员有的每天都发文。任何一件事一旦形成规律，养成习惯，坚持下去就不再是一件难事。

所有流量都引向三个大本营平台

文章的发布平台要设置三个大本营，除了这三个大本营外，也许你还有很多平台，但不管哪里的流量，多大的流量，都要流向这三个大本营。

如果你加入我们的新媒体行业写作群，会发现我的学员们每天都会更新

QQ 空间、微信，并会把这些内容同步到微博、阿里专栏，或许其他的平台都没有做，但这三个大本营一直都会发布文章，这样就会把所有的新客户引向这里，他们通过联系方式来添加我们的 QQ、微信。

至于那些原本就已经在大本营的老客户，他们已经添加了我们的联系方式，有可能已经完成了成交，也有可能还在观望阶段，但是只要我们一直都在，他们一直在关注我们，就有可能成交，所以说，这三个大本营具有转化新客户、维护老客户的功能。

此外，所有的粉丝都在大本营里沉淀，我们要经营很多年，那么，这三个大本营的价值就不言而喻了，手机在手，随时随地都可能实现成交。那么，为什么一定要把所有的流量都引向这三个大平台呢？

1. 这些平台是我们做得最好，最全方位的地方

比如，我们可以在 QQ 上发文章，在微信上配合公众号使用，也可以发文章；产品的购买流程，我们的获奖证书，可以做成图片，也可以写成文章，非常的具体，可以进行全方位的推广，这三个平台可以保存很多文章与图片，而且其他平台的网址、信息，也可以在这几个平台显示，点击即可。

2. 方便自己，方便客户

假如我们做的不是这三个平台，而是其他平台，比如建材网、酒水网，也许客户没有下载这些 APP，也不知道网址是多少，我们就可能失去这些客户，但是有了这三个大本营，客户要购买产品的时候，直接在微信、QQ 上留言即可，直接转账，发链接给他们都可以，不管我们身在何处，都可以通过手机登录 QQ、微信，与客户沟通，非常方便。

3. 这些平台会一直都在

对于一些小的平台，我们可能在经营的过程中，发现有新的更好的平台，就放弃了。虽然我们不在这个平台了，但上面有我们大本营的联系方式，客户依然能找到我们，大本营会一直都在，我的一些学员，他们的 QQ 已经使用 10 多年了，微信也从一推出就开始使用。

我的学员们将大本营的三个平台都装修得很好，其他平台或许他们并不会这么做，但对待大本营他们绝对是百分之百的用心，会定时更新文章，有更新就会有效果。

接下来，我来说一说如何将其他平台的流量引向这三个平台，常用的方

法有三种：

第一种方法：直接留联系方式，包括留品牌名、网址、QQ 等，以网址为例，可以留阿里专栏的网址，也可以留微博、QQ 空间的网址，直接就能打开，微信则留手机号码，能直接加上一定要加上。

第二种方法：文章提示，包括图片的提示，比如，去哪里搜什么样的公众号、什么样的名字、什么样的号码。

第三种方法：线上线下等全方位引流。比如，电话上的引导，聊天时加一下微信，名片、包装上留下联系方式。

因为所有的流量都引向这三个大平台，即使客户量不会很大，但一年的销量却可以很大，这些平台有很大的功劳，以我的 QQ838504315 为例，流量有 600 多万，但与我的一些学员比起来，真的不算大。

第56招 增加新平台时，可以一次性将文章发布

虽然已经选择了很多平台，但我们还会发现新的平台，对于这些新平台，可以一次性将文章全部发布上去，也就是说，我们之前写的、积累的文章，可以一直用。

我有一个朋友上大学时就开始在 QQ 空间上写文章，也会将文章发表到学校的杂志上，快毕业的时候，她有了新的想法，想认识更多会写文章的人，也想认识一些杂志社的人，因为她不能继续将文章发表在学校的杂志上了。对于别人来说，可能辛苦一些，但对她来说，则简单得多，因为她之前已经写了很多文章，可以直接将这些文章利用起来。后来，她将这些文章修改后，发布在了两个写作平台上，每天发两篇，常常会被推荐到首页，在很短的时间就吸引了大量粉丝，杂志社的人也开始主动联系她。

我们进行的是新媒体行业写作，与我这位纯文学写作的朋友不一样，在增加新平台时，要尽可能地多发布文章，甚至可以一次性将所有的文章发布

上去，其原因主要有三个方面：

1. 速度更快

我们之前就将文章写好了，而且也配有图片，在新平台发布文章，只要复制即可，比重新写文章速度要快。

2. 脱颖而出的机会更大

如果我们要在一个平台上写 50 篇文章会非常辛苦，也很难，因为之前我们已经写了上百篇，当我们一次性将这些文章发布的时候，就相当于写了上百篇文章，这样我们就有了更多的脱颖而出的机会。

3. 文章的时效性

新媒体行业写作的大部分文章是没有时效性的，可以一直使用，比如创业故事，行业知识，但参加活动的一些文章就具有时效性，所以，我们要一次性将这些文章发布到新平台，因为之后我们还会源源不断地写新的文章，这样就可以同步了。

- 【公司动态】 河南护栏厂家：工厂或者学校围栏为什么会选择锌钢喷塑防护栏杆？　2018-04-27
- 【公司动态】 新乡百叶窗厂家：用户购买挑选锌钢百叶窗时候需要注意哪些地方？　2018-04-27
- 【公司动态】 河南护栏厂家：工地施工人货防护电梯门字样--随手关门·注意安全　2018-04-27
- 【公司动态】 河南新乡基坑护栏厂家：建筑工地临边护栏网孔为什么会有大小之差？　2018-04-27
- 【公司动态】 新乡护栏厂家：别墅欧式铁艺围墙栏杆生产需要哪些加工步骤和工艺？　2018-04-27

这就是新媒体行业写作的好处，只要内容是我们创作的，版权就属于我们自己，所以，我们文章的内容、素材一定要原创，一定要标注作者，一定要用一个一辈子都使用的名字。此外，我们平常写过的文章一定要好好保存，在文档的名字前加上标题与序号，包括标题前的关键字都要设置好。这样我们以后发文章的时候，就可以按照上面的序号进行，正文与标题直接复制粘贴即可，即使要修改，速度也会很快。

一次性发布文章时，我们要注意三点：第一，新平台注册的名字，包括标题前，正文里的品牌词尽量要一致，不然会被误认为抄袭；第二，需要修改时，只需修改标题与介绍里的产品词，或修改个人介绍，不去修改品牌词，以确保文章的统一性；第三，若在新平台发布文章时被限制发文次数，可以先一次性将文章保存在草稿箱，然后再发布，速度就很快了。

新平台肯定会不断增加，尽管我们已经有很多平台了，但不应该放弃新的平台，每个平台对我们来说都是一种积累，积累到一定程度，就会有更多的订单，让我们从同行中脱颖而出。

第57招

文章也可以变成语音，变成视频

在互联网平台，除了文章，我们还会经常接触到语音与视频，现在几乎每个人都会用手机看视频APP，不方便看时，也可以选择一些语音APP，那么，我们的文章能否变成语音，变成视频呢？答案是肯定的。

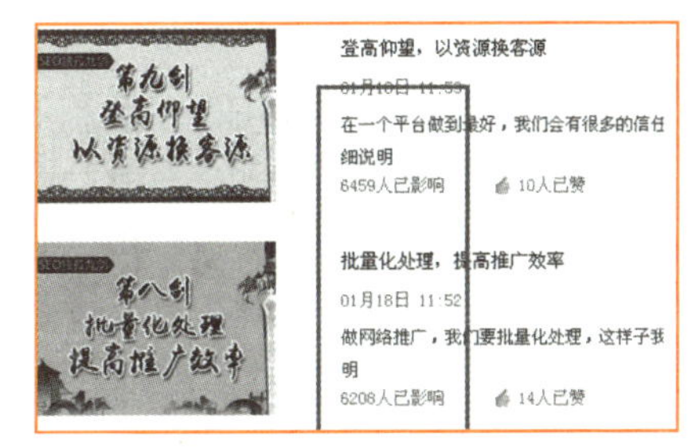

几年前，我在慧聪网上录制了一个系列课程，这个系列课程被慧聪管理员多次推荐，突破了慧聪网课程的一个流量记录。

因为我经常要讲课，肯定要做PPT，我将文字发到阿里，发到博客，特别是阿里圈子，几乎每一节课都会被推荐，另外，因上课是视频的形式，目前网络上有很多软件，可以将视频变成语音，这样我就等于多了一份语音素材。

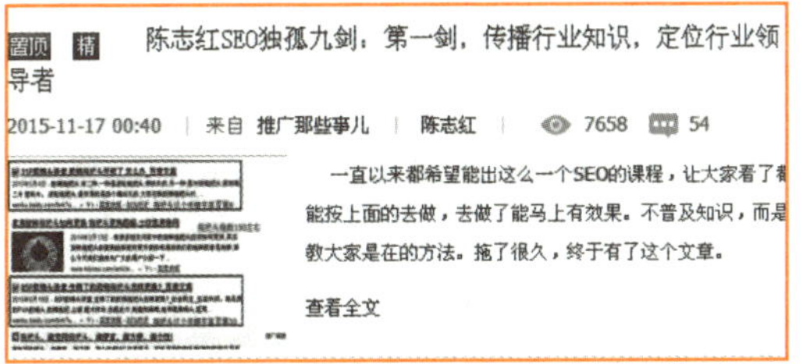
置顶 精 陈志红SEO独孤九剑：第一剑，传播行业知识，定位行业领导者

2015-11-17 00:40 | 来自 推广那些事儿 | 陈志红 | 7658 54

一直以来都希望能出这么一个SEO的课程，让大家看了都能按上面的去做，去做了能马上有效果。不普及知识，而是教大家是在的方法。拖了很久，终于有了这个文章。

查看全文

同样，进行新媒体行业写作的人也可以把文章变成语音，变成视频，我们为什么要这么做呢？

1. 让资源得到更好的使用

写文章很辛苦，但将文章变成语音就很简单了，等于将文章读了一遍。文章变成视频，最好能做个简单的 PPT，也许只需要两三页即可，这个做起来并不难，因为框架就是文章的框架。也可以将文字变成视频以后，再把视频变成语音，实现一篇文章资源多次使用。

2. 更好地做品牌

我们一直写文章，一定会做得很好，但粉丝希望能听到我们的声音，做了视频，做了语音之后，我们的品牌、产品名就等于会在更多的地方展示，在用百度排名进行宣传时，就可以提这个网址，对于品牌推广来说，也是大有帮助的，因为我们做了很多平台，做了很多形式的推广，就更容易超越同行。

3. 更好地方便大家

有些人不喜欢看文字，我们有视频，有语音，就符合他们的胃口了，也有些人会在上下班、煮饭的时候学习，相比文字，语音会更方便。

其实，把文字转变成语音、视频早已有之，一些知名的作家如金庸、古龙、琼瑶，他们的很多作品都拍成了电视剧，将无声的文字变成了有声的视频。

现在手机非常普及，不仅满足了看文字的需要，还能听语音看视频，一些知名的公众号，他们的文章往往会以多种形式呈现，而不仅仅是文字，语音、视频都非常普遍。

为什么要把文章展示成各种的形式呢？因为一些大的搜索平台，如百度、搜狗，在这些平台进行搜索时，你会发现首页上的内容有的是文章，有的是文库，还有的是 PPT 或语音，所以，我们不仅要做好文字，还要尽量做好语音与视频，以符合平台的搜索规则。

但不管以什么样的形式存在，运营什么样的平台，一定要记得我们的品牌名一定要统一，将流量引向三个大本营。

第58招 多账号，团队化操作，批量化发布

我的不少学员在进行新媒体行业写作时，会有多个账号，采取团队操作的方式，其实新媒体行业写作是可以实现批量化的。

灯姐，她的每个网销员工都有一个阿里旺铺，大家在努力打理好自己的阿里旺铺的同时，努力写好文章，文章中留的不同的电话号码，大家进行比赛，看看谁获得的订单更多，然后按照订单量来发放奖金。

当然，这个过程不是一蹴而就的，需要不断地积累，文章发上去之后，就可以一直用，这其实就是一个品牌度的积累，所以，员工们都不会轻易离职，不想让之前的努力付之东流，因为离职之后，公司会将资源收回，将这个旺铺交给下一个员工。

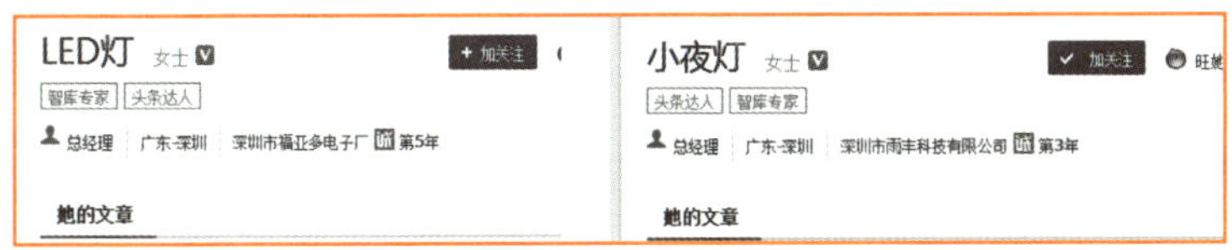

那么，为什么要有多个账号，进行团队化操作呢？

1. 多账号，更安全

开车当然不能压线了，但肯定会有偶尔违规的时候，这与我们在互联网上发布文章是一个道理，有时可能就因为一个词，而让账号禁言 7 天，如我

们只有一个账号，7 天不能做生意，就是一笔不小的损失，如果有多个账号，就会将这种损失降到最低。

2. 速度会更快

假如只做一个账号，这个账号每天发文章的数量都会被限制，我们的速度想快也快不了，但是有多个账号，速度就快多了，一个账号发 5 篇文章，5 个账号就能发 25 篇了。

3. 规模效应，做好品牌

我们的目标是做好品牌，在同行中鹤立鸡群，获得更多订单，所以要通过规模效应来宣传推广品牌。多个账号，团队化操作，与我们的这个思路相符。

另外，采取多账号、团队化操作的模式，还有一个重要的原因——可以一直积累，无论是对企业来说，还是对个人来说，都希望业绩越来越好，收入越来越高，而有了内容的积累，订单才会越来越多，这也是让企业留住人的一个好方法，工资越来越高，员工自然是越做越有奔头。

我经常看到几个员工共用一个账号的情况，这不是很好，这样做肯定会有滥竽充数的人，一人一个账号，就不会有人偷懒，还增加了竞争力。

采取多账号，团队化操作的方式，就可以批量化发布文章，在批量化发布文章时，应注意三点：

第一，员工在公司写文章时要用笔名，因为公司里的员工总是来来往往的，若用真名，以后修改就比较麻烦，而且有些平台是不能修改的。

第二，发布的账号一定都要用公司的资源去注册，不要用员工的，因为很多平台只能注册一次，如果用员工的身份证去注册，他离职后就带走了平台。

第三，文章的版权属于公司，要按序号进行保留。

总之，多账号，团队操作好处多多，既可以增加内部竞争，又能较快超越同行，这一点无论是对小企业还是大企业，都是非常重要的。

第七章

让生活
为新媒体行业写作添色彩

第59招

先写好产品知识，再让生活为行业写作锦上添花

一开始进行新媒体行业写作时，或许你只能从一张图片、一句话开始写起，渐渐地，我们的文章篇幅逐渐增长，这个时候我们该写什么呢？我的建议是从产品知识开始写起，在我们将产品知识做好之后，再写其他内容。

我之前提到过，要写够 100 篇文章之后，再考虑争取上大平台首页，在这 100 篇之前我们写的往往都是产品知识，因为进入一个行业之后，首先就要了解产品知识，同时要了解购买流程，购买的各个环节。

当你坚持写完 100 篇之后，有了写作的基础，掌握了写文章的技巧，再写速度就会很快，这个时候就可以写我们的生活，总之，产品知识是基础，做好基础之后，再写生活内容，锦上添花。

经常有学员不明白为什么我总是强调要做好产品知识，这主要有三点原因：

知识章节

1.第一章 1.1 什么是仿鹿皮巾

2.第一章 1.2 为什么鹿皮巾受到广大市场的欢迎？

3.第一章 1.3 仿鹿皮巾比普通毛巾有什么优势和特征？

4.第一章 1.4 仿鹿皮巾合适什么样的人创业？

5.第一章 1.5 仿鹿皮巾有什么作用介绍？

6.第一章 1.6 仿鹿皮巾的使用方法和保养？

7.第二章 2.1 大家为什么喜欢鹿皮巾呢？

8.第二章 2.2 如何鉴别好质量鹿皮巾擦车巾？

9.第二章 2.3 鹿皮巾擦车的特点是什么？

10.第二章 2.4 鹿皮巾擦脸时间久了会不会有副作用？

1. 做好产品知识会带来很多客户

做好产品知识后，会有很多的排名和流量，加上因为行业知识都是精准的关键字文章，所以，肯定会带来精准的客户。当然，你也可以跑到客户群发信息，或者购买意向流量，但前提是我们得对这个行业了解，让自己更专业。

2. 做好产品知识会成交更多订单

产品知识的内容非常丰富，包括如何成交，如何做好售后，如何将图片拍得更美，如何发好文章等，这也是我们进入一个公司、进入一个行业要学习的过程，在学习的过程中会让我们对这个行业有一个深入的了解，帮助我们更好地与客户沟通，从而成交更多的订单。

3. 让我们变成行业中的人，成为更专业的人

如果我们没有学习产品知识，即使会写很多生活类的文章，也不算是行业里的人，行业里的人也看得出我们是外行，特别是传统行业，客户会因为我们是外行，不愿意与我们合作，所以，一定要深入这个行业，努力学习产品知识，将自己变成行业中的人，更专业的人。

一个人的成长顺序是非常重要的，上学那会儿，有的人总想不去上学，而是想去学习一技之长，想长大后再上学。长大后，才明白先上学，大学毕业后再去学习一技之长，成功的概率会大很多，而且若小时候没上学，就会错过很多东西，以后想从头再来，会千难万难。

所以，不管别人写什么，写得有多好，我们都要按照自己的成长顺序来，先做好产品知识，写够100篇文章后，再来书写生活，那时候会对我们有更大好处。

我刚到阿里的时候，很少写自己的生活故事，一直聚焦在职场和创业这两个方面，直到一年后阿里要采访我，需要图片，我才在网络上晒出自己的图片，之前一直默默地写。当有了更多的信任度之后，再写生活，写我们身边的大事小情，才能为我们的写作事业锦上添花。

作为一个新媒体行业写作者，一定要耐得住寂寞，前期是打基础的过程，不要着急，基础打好后，后面的很多事情便水到渠成了。

第60招

打造个人IP，我们自身才是素材的核心

我们学习行业知识也好，写有关行业知识的文章也罢，在打造个人 IP 的过程中，我们自己才是素材的核心。

盘子以前是一名流水线工人，后来学习了电脑知识，经过半年的边上班边学习的辛苦日子，盘子从一名流水线工人变成了一个能够熟练操作电脑的办公室工作人员，之后，又开始加入我们的写作群，开始了新媒体行业写作。

盘子是一个很低调的人，他平时开的是奥迪 A5，但是去谈业务时，就会换一辆普通的车，因为很多客户的公司还不是很大，他若开好车去，会让客户从身份上感觉不对等，不利于生意的洽谈。

在这个世界上，总会有人很努力地把事情做好，一样的事情，不同人去做，结果会大相径庭，新媒体行业写作同样如此。所以，我认为打造个人 IP，成就企业品牌，我们自身才是素材的核心，原因如下：

1. 我们是不是朴素踏实，是不是沉得住气

在网络上进行新媒体行业写作，要成交订单，肯定要让别人看到我们的朴素与踏实。我的一些学员，尽管拍的图片不够美观，他们的手机很土，文章也没有多少文采，但他们认真的样子，恰恰是大家喜欢的。

2. 文章一定是我们自身的所见所闻

文章是一个人情感的表达，在写行业知识时，我们要表达情感，但要有选择性地表达，平时我们见到了什么，听到什么，肯定都会反映到文章里，所以，经历很重要，我们一定要走出去，开阔视野。

3. 文章表达出来的是我们的想法

处理一件事的时候，我们是不是能用更好的解决方法？最初没有订单的时候，我们是怎么做的，后来生意火了，我们又是怎样做的呢？大家都喜欢用心的人，都喜欢一直追求成长的人。

按摩椅哥，刚开始进行新媒体行业写作时，每天都会发一些生产的照片和知识视频，效果很好。我建议他在视频里添加上自己的语音，他便在拍摄的时候，讲了很多行业知识，让人们更加喜欢他，后来，我又建议他拍一些生活内容，他开始加入散步、登山的内容。

学习产品知识的过程、进行新媒体行业写作的过程，其实也是成长的过程，一开始我们可能懂得不是很多，但在努力的过程中会慢慢进步，就如按摩椅哥说的，“懂得就是财富”。

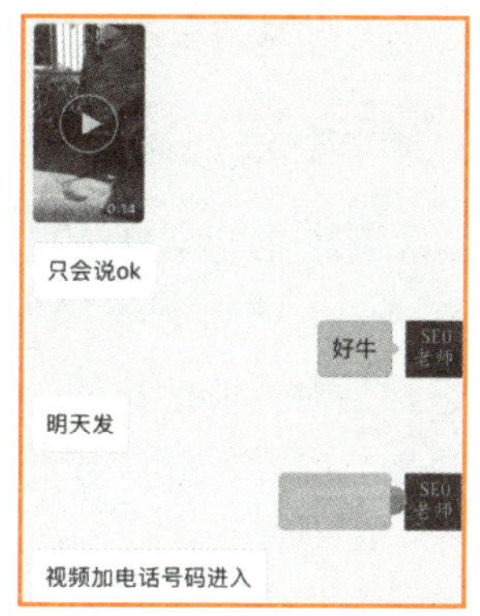

此外，进行新媒体行业写作，除了用心，心态也要好，要有乐观的心态，护栏姐曾说过，我不怕辛苦，只要能把护栏卖出去就好，以前种田都不怕，这点辛苦算什么。我相信有这样的心态，她做什么行业都能做好。

写作之路较长，不能那么快到达终点。每个落日黄昏，每个闲暇午后，我们可能都在书写，用心一点，就会进步一点，离成功也就更近一点。

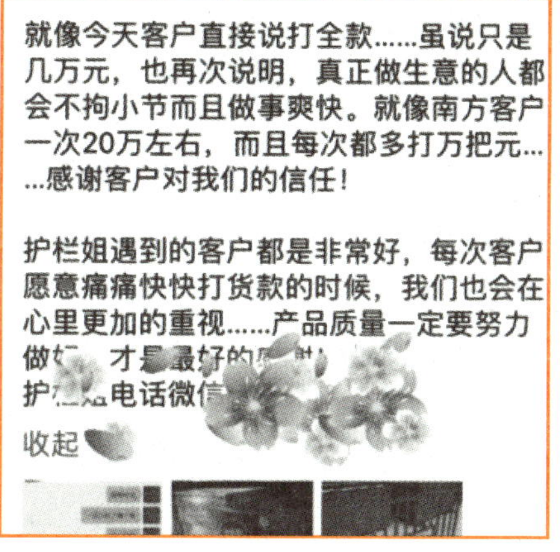

第61招 更优质的生活，能为写作添加更美色彩

我们书写文章，更是在书写生活。有空的时候，我喜欢看书，也喜欢看群里的人写的文章，因为看他们的文章就是一种享受，文章中没有抱怨，永远都是对行业的执着，服务好客户的心态，永远都那么努力，对生活充满了热爱，或许这就是 B 类行业的特点。

B 类行业是一个比较朴素的行业，因为它不是直接面对终端，也许你不曾听过他们的名字，因为很多都是生产配件的，就如电脑里的螺丝。我们在用电脑的时候就会用到他们的产品，他们的很多客户都是知名大客户。所以，尽管我们不曾听说过他们和他们公司的名字，但他们却是很多行业里的中坚力量，为这个社会创造了很多价值与财富。

他们并没有想过成为大众明星，却想着如何在行业里做得更好，有更多的客户和更多的订单，努力争取在行业里脱颖而出，他们很用心，过上了优质的生活，而优质的生活对新媒体行业写作又有一个促进作用，为新媒体行业写作添加了色彩，为什么这样说呢？

1. 大家都喜欢自律的人

自律与财富无关，却与我们自己有关，比如，我们是否坚持早起，是否每天坚持跑步，是否能够坚持每天写一篇文章，坚持的过程就是自律的过程，就是成长的过程，我的一些学员，他们已经是老板、老板娘，每天工作都很忙，但依然坚持每天跑步，这种自律不是一般人能够做到的。

2. 大家都喜欢榜样

我们群里的人都很努力，晚上 11 点他们的 QQ 还在线，如拖拖姐，她的客户喜欢和她聊天，因为她不仅能解决行业内的问题，还很会写爱情故事，经常帮助客户解决情感问题，所以，客户都很信赖她，她有一些经销商是做淘宝的，拖拖姐的产品从来不跟别人比价格，大家也相信她的产品是真的好，所以，她的生意很好。

3. 用心很重要

一个人是否很用心，看他的朋友圈就知道了，做生意的人会经常在朋友圈发文，从这些文章中就能看出你的用心，另外，你拍的每一张照片，也能体现出你在生活上是否用心，所有这些，都体现着一个人的生活、工作状态。

在生活当中，要是有那么一个人，能够自律，能够一直是大家的榜样，能够很用心地去做事，他做任何的事情都会做得很好的。在进行新媒体行业写作之初，我们可能没有这个概念，但在写作的过程中，会逐渐培养出这样的习惯。

自律、榜样、用心，本身就是优质生活的核心，当我们的生活中具有了这些美好的因素之后，在写作中自然就会加以流露和表述，这些带着情感的文字，会让我们的文章更出彩。

第62招

企业品牌，要以传播产品信息和知识为重点

新媒体行业写作应以个人 IP 为切入点，做好个人 IP 之后，我们要开始做企业品牌。打造企业品牌，应以传播产品信息和知识为重点。

你在网络上看到我的学员写的文章，肯定很容易就能找到他们的联系方式，在添加了他们的联系方式后，你会发现他们大多都有属于自己的店铺，而且销售的不只是一种产品，基本上他所在行业的产品都有销售，如果你需要购买，直接在店铺下单即可。

对于我们的学员来说，这是一个比较正常的流程，但我们会看到很多企业并没有这样做，我们找不到店铺，即便是找到了店铺，里面也是乱糟糟的，没有购买流程，没有售后流程，只有简单的图片。如果我们是买家，肯定会选择那些店铺做得比较好的商家。购买的人多了，会引起从众效应，购买的人会越来越多，他们的排名会更加靠前，会吸引更多的关注，会带来更多的

客户和生意，渐渐地在同行中也就脱颖而出了。

通过新媒体行业写作来做企业品牌，传播产品信息，应主要做好以下三点：

1. 做真正的好产品

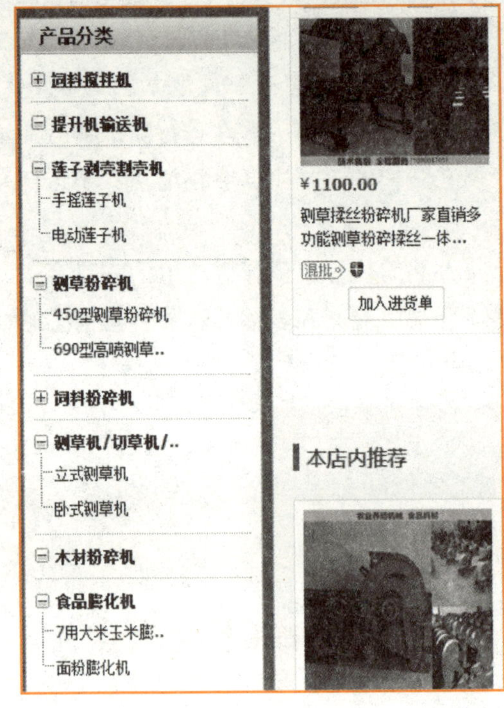

不管我们有没有自己生产，还是代理别人家的产品，若产品质量真的好，价格贵一点，销售也会很好，客户购买产品后，若觉得质量很棒，那么下次他还会购买，或者推荐给身边的人，如果质量不好，购买也是一次性的，而且售后会非常麻烦，甚至让我们变成了售后公司，总之，好产品自己会说话，它会帮我们带来更多客户。

2. 产品的销售与描述信息

如果你进入我学员的店铺，只要价格没有多大的问题，直接拍就好，因为怎么发货，怎么售后，产品问答等所有你关心的问题，都有相关解答，你无须咨询，就可以下单。

3. 产品信息的宣传

产品信息的宣传具体来说就是发产品信息，早些年这个方法非常好用，现在也可以用，当然，最好通过新媒体行业写作来达到宣传产品信息的目的。我们会有几十个产品信息的模板，会让更多的人，或者自己去各种信息平台去发，让更多的人买我们的产品。

我们与其他人做企业、做产品品牌的观点不一样，有人会觉得做企业品牌会花很多的钱，而且效果未知，但我认为做品牌一定不只是宣传，一定要卖产品，宣传与销售同步推进，同等重要。

详细信息　成交 (0)　评价 (0)　订购说明

订货号	9FQ-450	品牌	欣峙	型号	9FQ-450
适用物料	通用	应用领域	家庭，养殖场，饲料厂加工	生产能力	500（kg/h）
主轴转速	5000（r/min）	进料粒度≤	200（mm）	电机功率	3-4（KW）
出料粒度	2（mm）	外形尺寸	1.08x0.6x1.08（m）	重量	70（kg）

欣嵘 广州兴之荣机械设备有限公司

我们从最初的销售到现在的技术咨询，安装调试，技术操作，售后维修保养等一条龙服务的实体公司

我们要注重新媒体行业写作对于企业品牌建设的推动作用，同时还要注重以传播知识为重点。所谓的传播知识应该包括三个方面：一是产品如何更好地应用，二是行业知识，三是其他的专业知识点。

产品如何更好地应用，这是很多平台内容营销最关注的一点。比如，我们卖文具袋，那么我们要挖掘出文具袋更多的用处，不能只是文具袋，是否还可以当作钱包来用呢？我们销售茉莉花茶，要写茉莉花茶如何美容等，让喜欢美容的人也来买茶叶。

其实，笔袋，还有很多其他的功能的。比如说：

1、可以放钱，比如零钱，我们就可以放在这里了。日积月累。需要用随时拿。

2、放卸妆液，口红等，我们要是出差时候，或者是在我们出去的时候，这些都用在我们的包里，很容易的就脏掉，或者不好找。但是有了这个，很好找。

3、针、线等小物件。这个也真的只有PCV的这个笔袋更好的解决。假如我们用其他的，真的不好。甚至放在瓶子里都不好找。

4、还有其他我们所能想得到的。比如，可以放情书，可以放小本本小证书，身份证等。

行业知识这一点，我之前已经讲过，包括产品知识、生产知识、行业的未来、产品适用哪个年龄段，需要注意的内容等，这是我们必须要了解的，也是可以一直写下去的内容。

其他的专业知识点包括公司的各种营销、管理专业知识，我们经常会看到一些企业老板上台分享各种专业知识，在宣传了他们本人的同时也宣传了企业。

传播知识要真正地从内在层面去丰富企业内容、行业内容，新媒体行业写作的内容对企业品牌来说，也是一种积累，在获得更多订单的同时，做好企业品牌亦是水到渠成之事。

第63招

用案例和故事传播企业文化与理念

对于任何一家企业来说，能让人一直传播的一定是案例与故事，案例与故事传播着企业的文化与理念，而产品质量也体现着一个企业的文化与理念，人们习惯将产品质量称为“硬文化”。

拖拖姐，销售棉胶头，她的产品质量过硬，在很多同行都在打价格战的时候，她依然努力做好质量。他们从一开始就确定了企业的发展方向——只做质量最好的棉胶头，无论是在公司网站还是在文章中，都传递出这样的理念。

虽然客户会讲价，但最终还是会选择她的产品，因为质量是同行中最好的。后来，拖拖姐增加了产品线，增加了仿鹿皮巾后，在宣传上直接使用了“只做质量最好的棉胶头与仿鹿皮巾”，因为棉胶头做得很好，赢得了客户的信赖，打出了口碑，客户若需要仿鹿皮巾时，也会来找她购买。我相信以后拖拖姐再增加产品，情况也会如此。

拖拖姐写文章时，会写很多故事与案例，还会配上很多图片说明，进一步增加了客户的信任度。那么，为什么要用案例与故事来传播企业文化与理念呢?

1. 有亲近感

每个人都喜欢听故事，我们的童年都是在听故事中长大的。同样，在新媒体行业写作中我们也可以写各种各样的故事，可以是自己身边的故事，或者是自己的故事，以故事为切入点，会让人产生亲近感，就像他乡遇故知，会有熟悉的感觉。

2. 容易记忆与传播

如果让人记住一句话，往往很难记得长久，若是一个故事，肯定能记得很清楚，而且还会记得很久。所以，不管是写文章，还是面对面聊天，我们都要用故事与案例传播。

3. 有说服力，有很强的信任度

要证明一个观点是对的，通常我们会用名人名言或者故事来加以佐证。我们在说自己的产品质量好时，直接证明效果往往不好，不如用故事、用案例，从侧面呈现出来，若在故事中能配上图片，如聊天截图、产品对比图，会更有信任度。

用故事与案例来传播企业文化，不仅用在新媒体行业写作中，上台分享或与客户解说时，都可以使用。有人经常会问我：写文章时为什么还要传播企业文化与理念呢？客户应该更关注我们的产品不是吗？

我们想到阿里，肯定会想到“让天下没有难做的生意”；想到送礼，肯定会想到脑白金。企业文化与理念是一种标识，让人们想到某种产品就会联想到产品背后的企业，每个企业都有不同的企业文化。

比如，灯姐，我一开始帮她制定的企业文化是“创造最优质灯源，照亮美好生活”。优质灯源说明我们是做灯的，这是产品定位，照亮美好生活，说明美好生活需要灯姐家的灯，更能说明灯姐家的灯是美好生活的开始，要生活更美，就用灯姐家的灯。

传播企业文化与理念是为了更好地销售，做传播是为了更好地做品牌。具体来说，传播企业文化与理念主要有三点意义：

一是与众不同，每个公司的方向与定位、口号侧重点不同，这些都可以通过企业文化理念体现出来。

二是让人记住，便于传播，就如我上面列举的案例，本身就是在帮他们做宣传了，平常客户也会帮助我们宣传。

三是突出价值，如拖拖姐与灯姐，都是突出产品质量，突出产品价值。

做企业品牌，需要我们把企业更多的东西展示在客户面前，而文化与理念是重点。用故事与案例，能让传播做得更好、更具体、更快、更完整。

第64招 走出去，进入行业圈子会有更专业素材

新媒体行业写作的人同样需要走出去，因为总窝在一个地方写，写作素材会比较单一，走出去之后，我们的视野开阔了，写作素材也会非常丰富。

我所著的图书有一个特点，章节的先后顺序就是实操步骤，我将“让生活为新媒体行业写作添色彩”放在第七章，意在告诉大家，在之前所有的内容做好之后，我们才可以走出去，走进行业的圈子。

因为如果我们是新手，那么，接触到的往往也是新手，当我们是高手时，接触到的往往都会是高手。在我们是新手时，走出去也很难与别人交流，所以我们要先在网络上写好文章，做好自己，认识同行，然后再走到现实中去，结交更多的同行，我们已经做好了，走出去会带去价值，会受到他人的欢迎。

我们为什么要走进行业圈子呢？原因主要有三点：

1. 接触到行业里不同的人，扩大知识面

走出去之后，我们会发现在同一个行业里有做得非常好的人，也有做得非常差的人，我们要研究一下做得差的人做得差的原因，我们如何避免，更要学习做得好的人，如何将他们的优点转化为提升自己的能量。

2. 获得更多行业知识，完善自己

解决一件事，处理一个问题，可能会有 10 种方法，但我们只懂得 3 种，

走进行业圈子，就有机会学到其他几种，这对自己是一种完善，我们需要不断地提升自己，进行更深层次的学习。

3. 可以收获更多的资源

一开始，我们很普通，抱着学习、付出的心态去做事，没有想过走出去的事情，当我们有实力了，就可以走出去，进入行业的圈子，从而获得更好的资源。

走出去，会给自己更多成长的机会，我们会发现这个行业里会有那么多做得非常好的人，原来还有这么多的做法，这么多的讲究，见到了更大的世界，更细微的东西，我们会看到自己的不足和成长的空间。

不管我们收获的是什么，是多还是少，至少我们获得了丰富的、专业的写作素材，这是新媒体行业写作最需要的东西。

为什么要把更多的行业素材用于写作呢？因为当文章里的素材都是与行业有关的内容时，文章就会显得非常专业，别人读文章就知道我们的行业是什么，会看出我们对行业的用心与信心，便于同行之间的交流更深入。

那么，如何走出去呢？我的建议是从线上走到线下，因为一开始就走进线下太难，我们突然去见一个人，彼此都会尴尬，线上聊熟之后，线下再见面就简单多了。别人为什么要和我们熟识，为什么要与我们交流，前提是我们要做好自己，让自己变得有价值。

注意，这里所说的走出去，不是每天人都要在外面跑，这会浪费很多的时间，我们可以去参加协会，参加商盟，平时的时间大家在网上沟通就好。

第65招

走进同行大企业，增加信任背书

我们要走出去，走进身边的同行企业，尤其是大企业，每个行业里都会有一些大企业，他们做了很多年，有完善的管理制度，有很多员工，有很大的厂房，有很多东西值得我们去学习。

按摩椅哥，创业初期他的企业很小，但他经常会走出去，去看看同行的工厂，他在福安，这里就是按摩椅产业带，在这里他能学习到很多东西。我们常说多一个朋友路好走，的确如此，按摩椅哥曾说过这样一句话：有时候认识一个快递员，一年的快递成本就能减少 10 万元。因为他踏实、实在、努力，很多工厂的老板愿意与他成为朋友，希望和他合作，希望按摩椅哥去做营销，所以，他的工厂发展速度很快。

按摩椅哥说："前辈的一句话都能受用终身。"有时候客户找他购买产品，他的工厂不做这款产品，但他可以拿到其他工厂去做。按摩椅姐，也就是按摩椅哥的妻子，一开始还担心拿不到货，按摩椅哥自信地说："你直接报我的名字就好。"结果很快就拿到货，现在他的网络销售做得非常好，很多大工厂更是希望他能帮忙销售产品。

通过新媒体行业写作，我们成为了行业内的精英、专家，但我们依然要主动走出去，去跟大企业、优秀的老板学习，为什么要走进同行内的大企业呢？

1. 能学到更多东西

走进同行内的大企业，会学到更多的东西，这是毋庸置疑的，他们的企业做得那么大，肯定是经过了很多的积累，是多年的用心与努力才能达到的，他们的创业经历、产品方向、市场营销以及科研等，都有我们要学习的东西。

2. 看到更加美丽的风景与资源

从二楼看地面的时候，我们可能看不到风景，可当我们从 80 楼往下看时，地面都是美景。从不同的高度看风景，看到的美丽程度是不一样的。同理，我们要走进大企业，去看到更加美丽的风景与资源。

3. 提高我们的位置与价值

假如一直没有走出去，不仅别人不知道我们做得怎么样，在写作时也会少很多素材。当我们走出去，走进大企业，哪怕是拍一张照片，也会增色不少，若能达成合作，比如，帮他们销售，那对我们来说会是一件很棒的事情。

不过，走出去的前提是我们自己已经有资源，且做得很好，尤其是去结识大企业，很多东西可遇不可求，或许一年两年我们都无法认识他们，但只要一直用心，就会有机会。

对于我来说，如果没有见过那么多上市公司的老板、总裁，我不知道梦想的重要性，在与他们的沟通交流中，我看到了他们的商业模式、企业营销管理方式，更明白了自己要成长的方向。

第66招

要让在大平台的脱颖而出成为生活的常态

我一直在说新媒体行业写作的目的是在同行中脱颖而出，在一个行业里有很多平台，可能在任何一个平台做到最好都需要花很多时间，但在同行中脱颖而出的这个方向必须是坚定的，在工作中争取做到最好，这应该成为我们生活的常态。

上学的时候，老师常说，要想考出好成绩，就一定要以获得满分为目标，如只以及格为目标，肯定会放弃很多不懂的题目，结果连及格都很难，但是如以满分为目标，即便到最后不能拿满分，或许还有机会成为班级第一名。

如何成为班级第一名呢？考试评比的是总分，是每个科目都要争取考到第一，即使有的科目因为意外没有考到第一，整体还是有机会拿到第一名，而考试的内容都是老师讲过的，如果我们每一天都很努力地做到最好，将这成为生活的常态，那么，考第一名也就是很容易的事情了。

同理，新媒体行业写作也如此，我们为什么要在大平台上脱颖而出呢？主要基于三点原因：

1. 会有更多人看到我们

大家都会关注第一名，我的一个朋友做筷子生意，他的销售额在同行中是最大的，所以，当大家想买筷子的时候，都会不由地想起他。同理，我们的文章写得好，获得第一名，就会有很多流量，平台流量也会向这里倾斜，让我们获得更多客户与订单。

2. 获得更大的信任度

也许我们文章写得不好，但还是要努力比同行做得更好些，当文章上了首页，我们将上首页的截图放在店铺里，就能获得更大的信任度，因为上首页代表认可，不是每个人的文章都能上首页。

3. 会让我们更有价值

我举一个不太恰当的例子，在学校读书时，给你两种选择：一是购买课外书，多做练习题，二是认真完成老师布置的作业，如果你的目标是在班级里脱颖而出，那做好老师布置的作业还不够，还需要多做课外练习，开阔视野。同样的道理，大平台代表的是大方向，如果我们能在大平台脱颖而出，是不是更有价值呢？

每个人都希望能在平台上做好，一个大平台会根据不同的作用分成很多的频道，就连新媒体行业写作都会分很多频道，一个频道里还会有很多小频道，如阿里 1688，分很多专业频道，如生意经、火拼等；商友会频道里分商友圈、头条、智库等，商友圈里也有 8000 多个圈子。

我们不可能把全部频道都做好，可以选择最小单位，做好一个圈子，将小圈子做好了，就可以去做更大的圈子，总之，在大平台脱颖而出要成为生活的常态，如何才能做到这一点呢？

一是跟着大平台的方向走，方向对一个大平台来说，是最基础，也是最核心的东西，如何判断我们的大方向对不对，跟着平台的方向即可，它举办活动，我们就参加活动。

二是每次都要争第一，当然，我们不一定每次都能拿到第一名，但我们要争取。

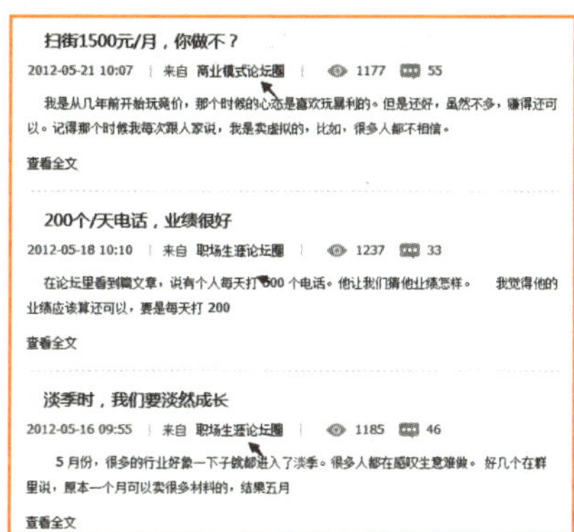

三是要有自己的聚焦点，我们要先选择一个或者是两个小点，先做精做透。

那年我刚到阿里 1688 上写作，这个频道有很多论坛，但我一直只发两个小分论坛，就是现在的 2 个圈子，文章经常都能在圈子被置顶，上社区的首页。假如我到处发，肯定就很难上首页了，更不可能获得十大写手评选的第二名了。

第67招

感恩身边每个人

很小的时候，父母就开始教我们说“谢谢”，读书的时候，老师也经常说要常怀感恩之心，这是一种传统美德。我们进行新媒体行业写作也要常怀感恩之心，文如其人，当我们以感恩的心态生活时，在文章里面也会反映出来。

我认识一个女孩子，与我同村，她就很喜欢说“谢谢你”，常常把这三个字挂在嘴边，就是这三个字，让她的人生发生了很大的变化。

女孩的妈妈有很多朋友，大多是工厂的管理层，这个工厂换过很多管理人员，都干不长久，后来她妈妈去做管理，一干就是二十多年，其秘诀就是“谢谢你”这三个字，从小在妈妈的耳濡目染下，女孩也学会了说“谢谢你”。

她从小就有很多朋友，大家都夸她懂礼貌，读书的时候，老师也喜欢她，每次请教完老师问题，都不忘说谢谢。上大学的时候，就连食堂阿姨都记得她，毕业之后，刚进公司从最底层做起，逐渐做到总经理的位置，每次见到董事长，都会说谢谢。

因为心存感恩，这个女孩不论是事业还是家庭，都经营得很好，她对妈妈也常说谢谢，妈妈也会对她说谢谢，所以，女孩与妈妈从来没有吵过架。

对他人心怀感恩有两大好处：一是让自己的心情好，心态阳光。抱怨浮躁是新媒体行业写作的大忌，而当我们以感恩的心态去做事，我们说谢谢，别人也会友好地回应我们，我们的心情会格外的好，做事都有干劲。二是会有很多后续故事，我们会认识很多人，其中就有我们的贵人，假如我们认识了一个很优秀的老板，如我们没有感恩的心态，也许第二次他就不会带我们了，他们那么优秀，有那么多资源，会有很多人争着抢着让他带，为何要带不懂感恩的人呢？感恩是做人的基本道德要求，懂得了感恩，才可能收获得更多。

我们进行新媒体行业写作，相当于全方位地在文章里展示我们的工作、生活，让更多的同行了解我们，同时我们也会在一些平台遇见一些前辈，他们是我们学习的对象，当我们每天以阳光的、感恩的心态面对生活、工作，面对我们遇到的每一个人，我们的文章中也会流露出这种感情。总之，我们的文章传递的内容一定是正能量的，如你有抱怨的情绪，不如不写，否则客户也会厌倦你，当我们把感恩的心融入到骨子里时，也会给他人更多的信任与安全感。

如何感恩身边的人呢？核心的一点就是经常反馈与付出，不管是帮他们宣传，还是打电话问候，抑或者每次受到帮助时我们都不忘说谢谢等，这些行为都是感恩的最好表现，不要去索取，更不要去伤害别人。

第68招

在学习中提升，要知道客户与同行也在成长

当我们选择一个行业，确定了梦想，制定了阶段目标后，接下来的事情便是马不停蹄地向前跑，努力地学习，用心地提升，因为在互联网时代，我们面对的竞争对手不是来自一个城市，或者一个产业带，而是全国乃至全球。

我在对护栏姐进行一对一指导时，曾对她说过这样的话：梦想是行业的领导者，我们的第一个目标是先从产业带脱颖而出，大部分的客户都会在百度上进行搜索，所以，我们要把前三页基本的关键词都占领。有了这样的梦想与目标，接下来的行动才会有的放矢。

一年以后，百度首页的前 10 条信息及百度前 3 页中 60% 都是护栏姐的信息，两年以后，首页的 10 条信息中有 8 条是护栏姐的信息，但她依然很努力，世界这么大，还会有更多的客户与订单，我们的进步空间也是无限大的。

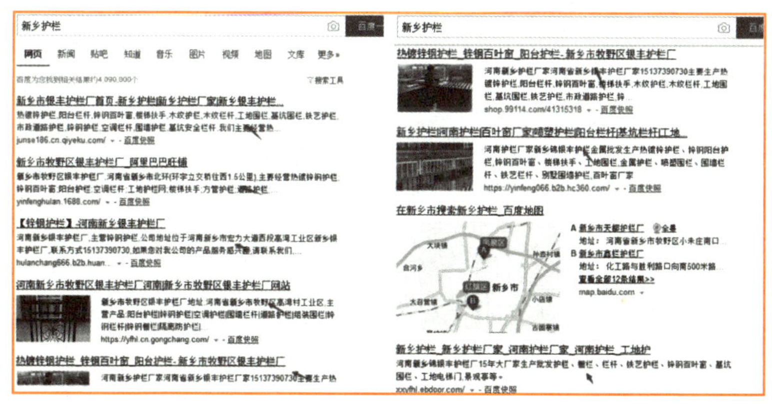

在占领关键词之后，很多同行的客户都会转向我们，很多新客户都来工厂参观，尤其是来产业带考察的客户，基本都会找护栏姐，经过不懈的努力，护栏姐从几千家工厂中脱颖而出。

尽管如此，护栏姐仍然坚持学习，一直在努力，那么，我们为什么要在学习当中不断地提升呢？

1. 生意的世界，是一个强者恒强的世界

比如，一些平台的排名，如果你没有生意，排名肯定会靠后，靠后就没有人注意，就更没有生意了；你要生意做得好，排名一定要靠前，那样，你的生意才会更好。所以，我们要努力让自己排名靠前，让自己有生意，有了第一笔生意才会有更多的生意，因此我们一直要学习，要成长。

2. 强者会占领大部分的市场，尤其在互联网时代

在互联网上，我们会碰到很多做得很好的同行，也许首页大部分都是他们占领着，我们该怎么办？唯有比他们更努力，更用心，做得更多，然后才有可能争取上首页，当我们上了首页之后，还要继续学习与努力，因为竞争总是一个你追我赶的过程，不把自己逼成强者，就会有人超越你。

3. 每个同行都在努力

有些资源是固定的，比如阿里一天推荐的文章数量，百度首页的位置只有 10 个，我们在努力争取的同时，别人也在努力，唯有比别人更努力一些，才会有更多的机会。当然，要获得这个机会或许要经过很长的时间，但方向一定是对的，只要坚持，就有可能。

在商海里，每天都会有人创业，每天都会有新的客户，也会有老客户流失，但可以肯定的是，客户都愿意与优秀的人合作，所以，我们要比同行成长的速度快，当我们超越同行时，就会有很多客户奔向我们，尤其是在产业带，大家看厂的时候都会对比，若我们也能像护栏姐一样，努力地写文章，宣传企业和品牌，那么客户就会到我们工厂里来，自动会有流量，自动会有订单。

总之，我们要努力地成长，朝着梦想的地方努力地成长，当我们多写一篇文章，就会多一篇文章的效果，多上升一个排名，就可能带来多一些的客户。

第八章

让个人
与企业成为行业里的专家

第69招

以配合者的姿态进入，定位在丰富行业知识

进入一个新的行业，姿态很重要，我们要成为行业里的专家，首先要以配合者的姿态去做事，因为这个行业里有很多优秀的人，我们不是去创新，更不是去颠覆，我们的定位是丰富行业知识，行业成长也带动我们成长。

在互联网时代，我们见到了很多颠覆者，如果我们也想做一个颠覆者当然可以，但对于刚进入一个行业的新媒体行业写作者，对于一个还处于弱小状态的企业来说，更适合以配合者的姿态去进入，去做事。

为什么在成为行业专家前，要以配合者的姿态去做事呢？

1. 以配合者的姿态去做事，是成长速度最快的方式

如果从一开始，我们就想在行业里进行大的创新，那么，需要很长的时间去培育市场，去打开本来已经固定的市场格局，这样做会很难，一个人或者一个小公司可能需要花上 5 年、10 年的时间都难以做成。但若是以配合者的姿态进入一个行业，马上就可以操作，比如有的人有产品，但不懂销售，我们可以配合他们，帮他们销售。

2. 以配合者的姿态去做事，成功的概率会很大

创业成功是偶然，失败是必然，大多的创业者最终无疾而终，我们刚开始做，一定要做成功概率最大的事情，怎么才能概率最大呢？跟着别人的脚步做，配合他们去做，去学习，在这个过程中慢慢地成长。

3. 配合者的姿态是最受欢迎的

想象一下，如果我们研发了一种产品，可以将以前很贵的东西费用减半，同行都已经做了很多年，我们这样做就断了人家的收益，自然会受到很大的阻力，但是如果我们用配合者的姿态去做事，就相当于在帮助别人，他们自然会喜欢我们。

我有一个朋友，他之前的想法是创业就一定要全面创新，花了 3 年多的

时间，投入了大量的时间、精力、资金，换了 20 多个行业，依然一事无成。有一天，他接触到了一个词——微创新，豁然开朗，终于明白创新不一定要创造全新的东西，即使改进一点点，对消费者来说也是有好处的。

作为一个新媒体行业写作者，我们要记得自己的梦想与目标——要成为行业里的专家，成为行业的领导者，接到更多的订单，丰富行业知识，推动行业发展。可能有人会有疑惑，为什么要将目标定位在丰富行业知识呢?

注塑模具哥厂家182P：塑料模具是否要加油

注塑模具哥厂家181P：塑料模具进料位置的讲究

注塑模具哥厂家180P：什么是注塑模具排气

注塑模具哥厂家179P：高速铣的优势和缺点

注塑模具哥厂家178P：塑料模具壁厚缩影问题

注塑模具哥厂家177P：塑料模具设计雇主要准备资料

模具哥张跃176P：关于塑料模具设计，雇主不得不知道的…

模具哥张跃175P:常见的模具和塑料件包装方式

首先，每个行业都有很多知识需要丰富，我们自己也要去了解，如果定位创新，我们就不会太认真研究现有的东西，忙于建设空中楼阁，这是非常危险的。只有夯实根基，有丰富的行业知识，才是正确的方向。我们要先去了解行业知识，了解的过程就是学习的过程。

其次，每个行业都需要有更多、更新、更好的知识，不少行业都发展了很多年，但互联网发展的时间并不长，企业与网络的融合并不到位，特别是一些传统企业很少在互联网上传播知识。其实每个行业都需要这些知识，而且这些知识总要更新，所以，在互联网上进行新媒体行业写作传播这些新知识，就会非常有市场。

最后，丰富行业知识让我们得到更多展示的机会，能更有机会脱颖而出，因为我们更新了知识，让客户看到了，他们会觉得眼前一亮，在某个点上超越了同行，得到了展示，我们就有可能获得更多的客户，就会有更多的订单。

进行新媒体行业写作，需要边学习边调整，而且要跟着市场方向进行调整，这才是真正的成长，真正的有所收获。

第70招

让新媒体行业写作真正走进一个行业

在过去，要学一门手艺需要三年才能学成，学成之后，就可能传承 300 年，现在学一门手艺或许用不了那么长时间了，但走进行业仍然是必需的。

大学毕业后，我去工厂工作，经常与同事们聊天，聊之前的厂长怎么样，都懂些什么，后来我得知之前的女厂长不仅懂得站机台，还懂得看图纸，整个流程都很清楚，我就下决心一定要比她做得更好。所以，每当某个岗位有人离职找不到人时，我都会主动申请去试一下。

在学习的过程中，我发现很多岗位都有需要改进的地方，比如，工厂中有很多化学物质，有些化学物质是不能放在一起的，不然很容易燃烧爆炸，但不是所有的工人都懂得这些，所有，我要把这些内容规范，制定成规章制度，这才是有意义的工作，有意义的成长。

真正走进一个行业，会让我们受益匪浅，获得巨大的财富，受益终生，那么，我们进行新媒体行业写作，该如何真正走进一个行业呢？

1. 走进行业知识

走进行业知识，不只是生产加工的知识，还包括包装、销售、运输、使用等知识。举一个例子，卖红枣的商家经常会说：多吃红枣，皮肤会白，会年轻。为什么会年轻呢？他就会说，古语有言：一日三枣，终身不老。如果是我们，我们就需要了解得更深一步，清楚红枣包含维生素 C，维生素 C 具有抗氧化的作用。

2. 走进行业产品

一个产品从研发、生产，到客户的使用，我们都要去了解，若没有了解，直接销售，会做得很辛苦，因为客户反馈的问题，我们无法解决。但走进行业之后，我的一些学员在一个行业里经过摸爬滚打十几年，碰到任何产品问题，都能迎刃而解，所以，做生意会很顺手。

3. 走进行业人

我们要了解同行，要了解他们的想法、经验和工作动态，还要了解使用产品的客户，即便是那些没有购买产品的客户，也要去研究，了解他们是怎么想的，为什么会做这样的选择，我们能不能做些改进让他们有更好的选择呢？

具体来说要走进一个行业，需要做好三点：一是自己学习，可以阅读网络上的相关文章，也可以买书学习；二是走进企业，真正地下车间，动手去操作，你会获得与书本上的知识不一样的感受；三是多与人交流，前辈的一句话可能胜过你自己研究一年，多和我们的前辈、客户聊天，一定会让我们受益匪浅。

从开始了解一个行业，到成为行业专家，需要一个过程，这个过程会有不少的门槛，当迈过一个个门槛时，我们就能看到这个行业内最宝贵的精髓，对我们的成长会大有裨益。

第71招

了解行业最好的方法是回答行业里500个问题

要成为行业专家，肯定要了解这个行业，怎么才算是了解这个行业了呢？我和我的学员创造了一个标准——能直接回答行业里的500个问题，如果能做到这一点，一个行业里的很多知识都掌握得差不多了，哪怕是很偏的、很深的问题，都能解决。

读初中时，有一个同学的英语成绩非常差，那时每次上英语课之前，老师都会听写单词。这个同学很着急，老师告诉他晚上睡不着就去背英语单词，从那以后他便开始背单词。他购买了一个背单词的机器，每背一个就会显示一个，他对自己的要求是每天至少背20个，两年多的时间，他的机器上显示已经背了15000多个单词，他的英语成绩也从全班倒数第一名跃居全校第一名。如今他已经是专职的英语翻译，研究生毕业，英语的听说读写都十分

精通。

我们进行新媒体行业写作也会有这么一个过程，开始于一知半解，然后一个问题一个问题地去了解，逐渐懂得更多，成为行业专家。也许你会问要成为行业专家为什么一定要回答 500 个问题，而不是 10 个，或 1000 个呢？这主要基于三点考虑：

1. 有针对性地回答问题，我们的成长速度会非常快

要成为行业专家，这个行业里的很多事情都要懂，那么到底懂多少才可以呢？对此，每个人的定义都不同，我的定义是懂 500 个问题，如果真的能懂这么多，那对这个行业一定会非常了解，假如可以有针对性地回答 500 个问题，会让我们的成长速度变快。

2. 回答的过程也是了解学习收获的过程

1.美丽漂亮的锌钢百叶窗厂家在哪里？
2.锌钢百叶窗是什么材质？
3.锌钢百叶窗是什么配置？
4.锌钢百叶窗焊接还是组装？
5.锌钢百叶窗怎样加工定制？
6.锌钢百叶窗是喷漆还是喷涂？
7.哪里有锌钢百叶窗生产厂家？
8.锌钢百叶窗什么尺寸？
9.如何测量锌钢百叶窗的尺寸
10.锌钢百叶窗的优势是什么？
11.怎样选择优质锌钢百叶窗？

进入一个行业，或许一开始我们对这个行业的认知是零，在寻找问题的过程中，会看到他人的回答，若有不懂的地方，我们也会问，询问的过程也会让我们收获很多。

3. 一般一个行业回答 500 个问题，已经不少了

我对我的学员的最低要求是回答 500 个问题，当然没有上限，回答得越多越好，其实，对于多数人来说，找 500 个问题是有一定难度的，只有认真去找，才能找到。

一个行业里会有很多产品，以家居行业为例，椅子、凳子、桌子、筷子，都属于家居行业，我的要求是做到细分，比如要找有关椅子的 500 个问题，或者有关筷子的 500 个问题，拖拖姐做棉胶头和仿鹿皮巾，那么她就要各找 500 个问题，而不是将两者相加。

这里说的 500 个问题指的是什么呢？主要包括三种：一是客户会问到的问题，这个最简单，也最基础，别说新媒体行业写作者，每个销售员都能回答；二是产品知识，包括产品的来源、生产、使用等方面的知识；三是行业

里的其他专业知识，包括营销推广、研发等知识。

有人说我看过很多问题，也大概知道如何回答，做到这一点还不够，我们还需要能直接回答，将从网络上、书上看到的知识变成我们内在的东西，而且不是机械地背下来，要用自己的话简单、直接、快速地表达。

第72招　每一个问题，都可以是一篇文章

进行新媒体行业写作，需要写很多文章，我们寻找500个问题，回答500个问题，这些都是已经积累好的素材，可以说每一个问题都可以写成一篇文章，可能有些回答会比较短，但我们要尽量让它成为文章。

在一个行业中，行内人对产品肯定很了解，但其他人就不一定了，所以，需要我们解说这个行业。学员许立冲，刚报名参加新媒体行业写作培训时，我问他什么是放大板，什么是PLC放大板，用于什么地方，使用后会有哪些好处，对于他们行内人来说，这些都是非常简单的问题，但从来不曾接触这个行业的人，会觉得这些问题很专业。

于是，我要求许立冲将这些问题写成文章，很多年过去了，这些文章的排名依然很靠前，给他带来源源不断的客户与订单，我相信N年以后，这些文章依然会在，而且还会继续发挥作用。

未加入群之前，许立冲很少写文章，进群之后，他将每一个问题都写成文章，就权当是回答问题，这就简单多了，那么，为什么我们要把这些问题变成素材，写成文章呢？

1. 解决问题的文章能让更多人喜欢，吸引更多的用户与流量

如许立冲的文章，因为我想了解PLC放大板是什么，读了许立冲的文章，我不仅了解了PLC放大板是什么，还了解了他的公司，他不是直接告诉我们他销售放大板，而是以写文章的方式与客户沟通。任何一个客户都会在了解产品之后才会购买，若你的文章能帮助客户解决问题，客户自然会找你购买。

2. 跟广告比有更大价值，能传递情感与故事

互联网上有很多关于 PLC 放大板的广告，看完这些广告后，我们还得去搜索到底什么样的放大板好，以前发布广告很好用，效果也不错，但在手机时代，出现了很多专业的采购平台，这些信息平台会帮人解决问题，会更受人欢迎。

3. 适合更多的平台，受更多平台的欢迎

在手机时代，每个平台都有自己的定位，而且越来越专业，我们每个人都有手机，习惯刷手机，学习与了解变得随时随地，信息流与社交的平台越来越多，这些平台的核心就是内容，但是纯粹的广告内容是不被接受的。此时能解决问题的文章，而且是专业的文章，就会深受平台喜欢，并且会获得推荐与流量排名，而我们的文章正好与平台的需求相符合，所以在不知不觉中就会获得更多的客户与订单。

我之所以要求学员将问题变成文章时篇幅要长一些，也是考虑平台与读者的喜好，那么，如何把很短的问题变成长文章呢？

第一个方法：可以加上故事，从故事中切入，从故事中引出。

第二个方法：加上图片。也许文章不长，但是加上图片，尤其是漂亮的唯美图片，读者看了会非常开心，我们的整篇文章质量也会上升一个档次。

第三个方法：进行深入的解说。

大家可以尝试以上方法，若有可能的话，可以将三个方法一并使用。

第73招

别人的行业问题都可以成为我们文章的主题

行业专家一定是能解决各种各样问题的，回答了很多问题之后，我们就能随时发现问题，并解决问题了，如此一来，别人的行业问题也可以成为我们文章的主题。

当一个人刚接触一个行业时，我都会鼓励他先去问答平台，这里会有很多问题，在未看别人的答案之前，是否也能作答，能否从另外的角度作答，不能回答的问题，则是我们学习提升、不断完善自己的重点。

对于我们新媒体行业写作的人，不管进入哪个行业，从哪个行业开始，都会碰到各种各样的问题，有问题是好事，找到问题答案后，我们就不再担心以后再遇到这样的问题。同时我们还要主动去发现问题，发现的问题多，解决的问题就多，而且每一个问题都是很好的素材，文章也会越写越多，价值越来越大。

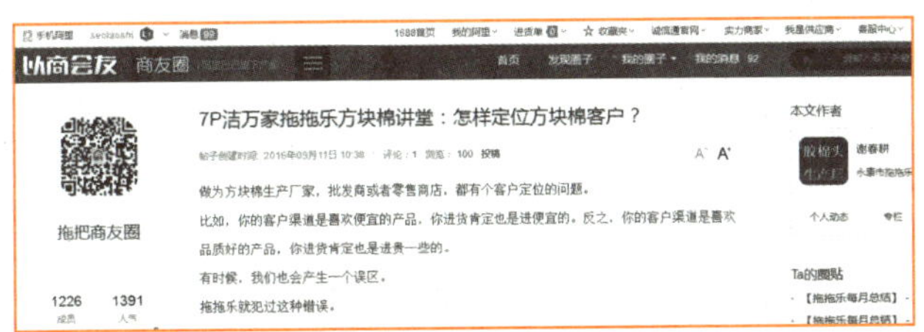

我们的群很活跃，大家经常聊天，聊天的过程中就能产生很多可写的素材，并从中受到启发，还能表达想法，这都是一个很棒的学习进步的途径。

别人的问题也可以成为我们文章的主题，那么，我们从哪里去获得这些问题呢？主要有四种途径：

1. 与同行聊天中别人碰到的问题

我之前一直强调要走进行业圈子，尤其是那些有门槛、价值比较高的圈

子，大家都会用心地聊天，而不只是发广告，在与同行聊天的过程中，发现问题就要想办法去解决，这就是我们写作行业的素材。

2. 客户咨询或遇到的问题

我的学员大部分都是做传统企业的，我常对他们说，最好的描述就是不需要咨询客户，客户便能直接下单，而且是多次下单，还能帮忙传播描述。但客户那么多，总会遇到有问题的客户，那么，我们就需要在描述中解答，同时写成文章。

3. 平台上的问题

国内有很多平台，大家可以在这些平台上去提问，就会有人回答，另外还可以在平台上搜索与我们行业有关的问题，这也是学习的一种很好的途径。

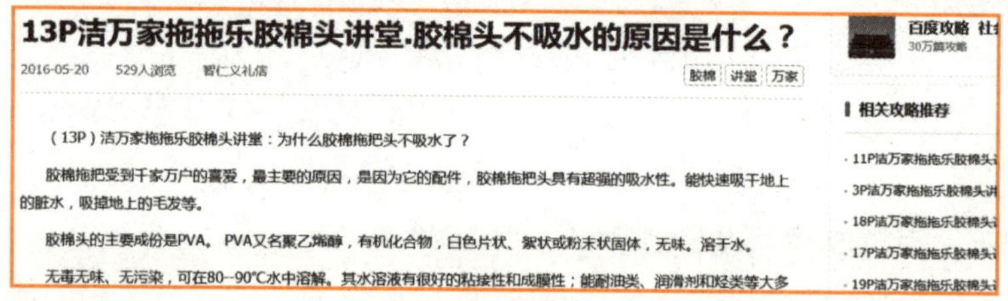

4. 其他的问题

比如，公司内部的问题、生产的问题、市场的问题等，这些也可以成为写作素材，发现问题固然重要，但更重要的是解决问题，我们的文章也是为了解决问题而存在的。

要成为行业的专家，必须要懂很多东西，不管我们之前是否接触过，不仅要解决工作中遇到的问题，更要解决别人遇到的问题，这有助于我们聚焦与学习，在学习中让自己变得更专业。

当我们懂得了很多行业知识之后，还要将其表达出来，而且要比别人表达得更具体、更详细、更简单，让更多的人看懂。

第74招

个人成为专家，继而带动企业成为专家

不管我们的企业规模是否很大，还是刚开始创业，只要想进行新媒体行业写作，我们的努力路线就一定是先把自己变成行业里的专家，然后再把企业变成行业里的专家。与企业专家相比，个人专家更容易实现，同时，个人成为专家也是企业成为专家的切入点。

我的有些学员，他们的企业还很小，但因为在行业里做了很多年，懂得很多行业知识，通过新媒体行业写作便能获得更多的流量与订单。自己创业也是如此，通过新媒体行业写作，让自己成为专家会容易得多，或许一开始很少人听说过我们公司的名字，但渐渐地就会有越来越多的人因为知道我们个人进而想去了解我们的企业。

也有些学员，一开始就是一个人做，做好之后，再注册一家新的公司，发展的速度会很快，有的注册才几天，用不了多久就会有很多人知道了，因为之前有一定的积累，做事就会快很多，其实，让企业成为专家也是个人成为专家的最终积累。

在生活中也会遇到一种现象，对一个公司名字很陌生，但对公司的创始人的名字却很熟悉，我们购买产品时，都会找他个人。同理，作为一个新媒体行业写作者，要先让个人成为专家，而不是让企业先成为专家，其原因有四点：

1.个人专家有情感，可以跟人交流

我们要以企业的名义进行新媒体行业写作，读者就会思考企业背后的那个人是谁，若以个人的名义写作，说不定大家就会直接下单了，因为个人会比企业更有亲切感，不会有凉冰冰的感觉，在交流与展示过程中，个人更容易成为众人的榜样。

2.降维，可以与很多人接触

我们的最终目的是打造企业专家，而我们的竞争对手已经早于我们成为

企业专家了，此时，就等于我们用小企业与人家大企业相比——大企业资金雄厚，会重金投入广告，小企业是无法与之相比的，小企业要先求生存，才能谋求发展壮大，因此相比之下，个人专家会有更多机会。

3. 个人专家可以进步很快

也许一篇文章就能收获很多客户，而且只要我们用心去学习，成长的速度就会很快，这与企业资本的推动不同，个人的成长与我们之前的经验、经历、所见所闻有关，更容易脱颖而出。

4. 全方位展示

以前，一个专家只要展示他的专业技术就好，但现在除了专业技术，还需要展示其他方面的内容，比如，我们之所以会选择这个商家，可能是因为他的产品好，也可能是看过他的故事，很励志，抑或者他的店铺装修很温馨等。

我们进行新媒体行业写作，也要经过一个从个人专家到企业专家的过程，即使是大企业，他们在打造专家形象时，也是先从企业里选出优秀的人才，从打造个人专家开始。对于小企业来说，有时一辈子都不能把企业专家做得有多么知名，但打造个人专家，就足以让我们超越同行里的大部分人，为打造企业专家打好基础。

此外，一个人可能会成立很多企业，但个人的名字却一直都在，一直在积累，为打造企业专家奠定良好基础。

当然，打造个人专家，不等于放弃了企业专家。一生很长，也许现在没有企业，但不代表未来不会有，很多大企业不都是从小企业发展而来的吗？所以，我们也要努力打造企业专家。打造企业专家时，要注意三点：

第一，老板要明白打造企业专家的意义与方法，明确企业的方向、梦想、目标。

第二，招聘更多专业的内行人，因为这些人有基础，企业的发展速度会更快。

第三，与更专业的企业合作，这相当于站在更高的基础上，我们脱颖而出的速度就会更快了。

新媒体行业写作，打造个人 IP，成就企业品牌。打造个人专家，带动企业成为专家，这是一个过程，也是一个步骤。对于个人来说，不管有没有企业，打造专家都要从自己开始。

第75招

在大平台里获奖、加标，争取更多的认证

进行新媒体行业写作一定要争取在大平台上获奖、加标，争取更多的认证，因为这是我们成长的最好机会，以认证为例，它不仅能促进我们的成长，更是对我们的肯定，有助于提高身价。

我有一个朋友，别人问他为什么要努力读书，他讲了一个故事：读大学的时候，想做兼职，只能找发传单一类的工作，因为有特长的人太多，一天辛辛苦苦只能赚 80 元，站在太阳底下，热得汗流浃背，有时还需要到很偏远的地方去发传单，晚上都没有公交车可坐。当他考上研究生，再做兼职时，就可以找家教了，而且是别人主动找他，一小时 80 元，业务多得忙都忙不过来。当他读到博士时，若是有人请他做家教，一小时 500 元，更是忙不过来，而且面对的都是非常有素质的高端人群，人们会非常尊重他。

朋友在读大学时，他的邻居就非常不理解：读大学有什么好，就为了一个证，要花那么多钱，还不如早点出去打工呢！邻居家的孩子很早就出来打工了，几年以后，朋友博士毕业年薪超过 80 万元，而邻居家的孩子依然是一年赚 5 万元，而且做得很辛苦。

这和我们进行新媒体行业写作获得认证是一样的道理，获得了认证就提高了身价，在一些互联网平台可以上传证书、职位获奖等认证，这些东西都能让我们与众不同，远远地超越别人。

为什么一张证书会超越很多人，为什么要在大平台获奖加标，去做更多的认证呢？就新媒体行业写作而言，会有三大好处。

1. 这是一种信任度背书，能提供信任度，是对实力的认可

同样是去找工作，初中毕业生找到的工作年薪 5 万元，博士毕业生的工作年薪是 80 万元，当然，工作内容也会大不相同，前者会非常辛苦，后者却能很轻松，从表面上看是学历的差距，实质是对实力的认可。就我们新媒

体行业写作而言，也许不能获得大的奖项，但即使在大平台里获得小的奖项，就已经超越很多人了。

2. 会有更多超越同行的机会

就如朋友找工作，当他是大学生时，是自己去找工作，而且竞争大，当他是研究生时，别人会来找他，选择的机会就更多了。同样，在大平台获得更多认证、加标的机会，我们超越同行的机会就更多了。

3. 为在行业中脱颖而出加分

朋友从小就想做一名优秀的会计，上大学时就报考了会计专业，考了好几个证，毕业后，依然在学习，在考证，为了考上注册会计师，闭关了三个月，终于如愿以偿。有了证件，身价陡增，他找的工作要么是大公司的会计总监，要么是上市公司的审计。同理，我们要在同行中脱颖而出，也需要有大平台的认可，这是必备条件。

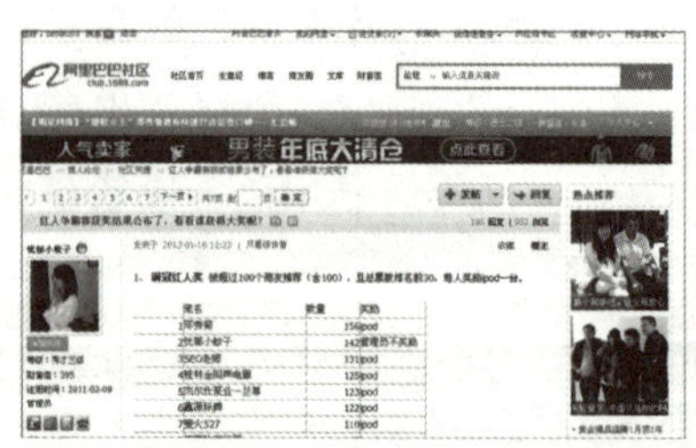

大平台里获奖、认证、加标，其实和我们读书时一定要考第一名是一样的，考了第一名，老师会表扬，会有获奖证书，还会被更多的人认可。所以，我们一定要努力去争取。

就新媒体行业写作的人来说，获得大平台里的认证主要有三种：一是网络或实体的各种大平台的认证，比如，网络知名的平台的认证，百度、阿里、微软等组织的实体认证；二是行业协会的各种认证；三是国家认证的资格证书，比如，做心理咨询行业，要有心理咨询资格证书。

总之，证书代表着一种认可，一种能力的体现，对我们一生的成长都会有益处。

第76招 每篇文章都应该关联到我们的企业产品

进行新媒体行业写作时，始终要明确一点，做好我们的行业，其他的都与我们无关，我们要订单，要更多展示，所以，写的每一篇文章都要关联到企业的产品。

那年，我们请桂花女王来阿里博客班分享，她说，除了写博客，其他很多事情她都不懂，有一次去参加学校的活动，闲暇之时，几个家长提议打麻将，她说不会打，家长又说要不打牌吧，她还是不会，问了很多事情，她都不会做，后来有个家长忍不住问她会什么，她说我会写博客，几个家长面面相觑，因为他们都不知道博客为何物。

桂花女王说，她在写博客的过程当中，始终不忘与桂花产生关联，因为她对桂花有很深的情感，希望在生活中的每个地方都有桂花的味道。所以，我们看她的文章时，不管是写旅游，还是工作，抑或者是生活，都能闻到桂花的味道，她的这种执着追求的精神，感染了很多人，大家都愿意来买她的产品。

- [原] 我的依靠，桂花树
  2012-07-31 18:16 | 公司动态 | 951 20
- [原] 吃桂花，储能量等待新的爆发点
  2012-07-29 17:45 | 公司动态 | 792 15
- [原] 把心送出去
  2012-07-25 12:02 | 公司动态 | 761 21
- [原] 日香桂在这个时候开了
  2012-07-22 18:34 | 公司动态 | 758 4

我们写文章，也要有这份对行业的执着热爱，不管写什么样的文章，都要关联我们企业产品，为什么一定要这么做呢?

1. 让别人知道我们销售的是什么，同时显得更加专业

行业知识，尤其是产品知识，必须是文章的主打内容，也许它不

能给我们带来很多流量，不能让我们一下子上首页，但能带来很多订单，能让行业里的人知道我们，即便是我们有能力上首页了，可以写其他主题的文章了，依然要不忘初心，时刻记着宣传我们的产品。

2. 关联产品，可随时产生销售

同样是写文章，有的人会一直有订单，有的人却很少有订单，因为前者在每一篇文章中都在宣传自己，宣传自己所销售的产品，客户看到文章之后，有需要就会购买。

3. 让产品更直接，更多机会展示

产品原本在仓库里，若要销售，传统的做法是拿到街上人多的地方去销售，在互联网时代，不需要像实体店那样将产品搬来搬去，但一定要宣传，一些平台不允许发广告，但我们可以利用有价值的文章来宣传推广自己的产品。

平时我们看新闻，新闻下面会有很多广告位，还有浏览网页，比如阿里头条、淘宝头条，都能插入产品，可以直达产品页面，视频、自媒体也是如此。

关联了产品后，客户若有兴趣就会购买，对于平台来说，有销售就会产生新的价值，对于写行业文章的人来说，不管关联的是自己还是帮忙销售，都会产生利润。

进行新媒体行业写作时，文章关联产品的方法有三种：一是直接写，比如写行业文章在里面插入产品不会觉得突兀；二是插入软广，出现品牌词或者文字的引导即可；三是在文章的正文中间或结尾插入产品信息，这属于硬

广，注意不能喧宾夺主，稍微提示一下即可。

新媒体行业写作与纯文学的写作不同，在抒发自己的想法与心情时，不要忘记我们的目标是什么，要有所为，有所不为，要销售，要订单，要上首页，却不能只发广告。

第77招

每次的获奖与加标，都应该尽可能多地展示

我对学员的要求是一定要获奖与加标，还要获得更多的展示，因为我们需要更多的信任度与肯定。

我有一个同学，非常会读书，上了重点高中，重点大学，还读了研究生，但他性格比较孤僻，向来是独来独往，到了该成家的年龄，亲朋好友给他介绍了很多女孩子，相处一段时间后，都以性格不合为由分手了，他觉得自己这辈子可能注定要单身了，我们就抱着试试看的想法给他写了征婚广告，还在文末放上了他研究生的毕业证书。后来，一个女学霸，也是研究生毕业，与我这个同学喜结连理。

通过这个故事，我想告诉大家的是，借助互联网会有更多的机会，尤其是借助大的平台。我们每次获奖与加标都应该更多地展示，这能给别人带来安全感与信任度，在选择时，我们就比别人多了一个机会。

为什么获奖与加标，以及证书，要在更多的地方展示呢？主要基于三点考虑：

1. 展示出来，客户才会知道，才会进行二次传播

放大板许立冲在成为阿里商学院讲师后，我建议他截图保存，做更多展示，这样他的客户和朋友都知道他是阿里的讲师了。

2. 展示出来，才能一直保存，提示自己成长

比如大平台采访你，中央电视台采访你，如果你没有保存下来，大家很快就不记得这件事了，如果我们自己保存下来，就可以展示出来给别人看，同时也能时刻提示自己要不断成长。

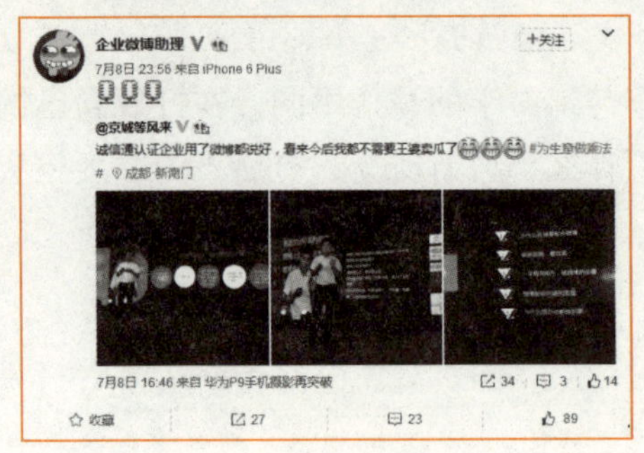

3. 获得更多平台展示，能够更快地脱颖而出

如果你获得了很多证书，只是在获奖平台内部展示，会有一定效果，而且也能长久保存，但要是能在更多的平台展示，效果就会叠加。就像我们请一个人上台演讲，在介绍时肯定会展示其获奖情况，或者资格证书等，以此做信任背书。

在互联网时代，获奖的机会有很多，因为平台多，活动也多，每一个活动，只要与我们有关都可以去参加，获奖或者加标认证都能带来很大的价值，但前提是我们要勇于展示，不能藏着掖着，自己偷着乐。

护栏姐，她成为阿里巴巴十大写手之后，专门写了一篇文章——如何得到十大写手，并将这句话当成签名，将获奖图片放在店铺上展示。

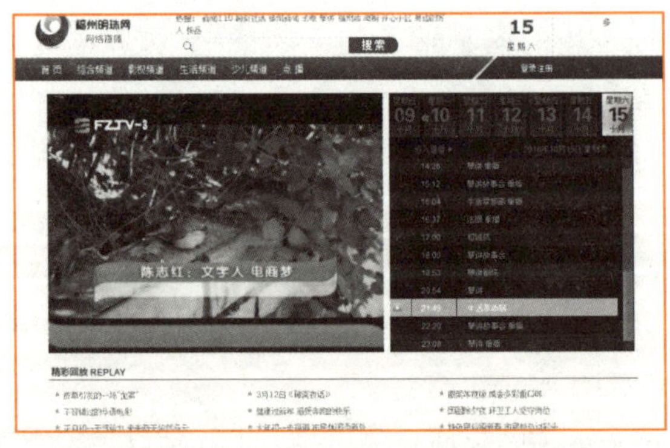

那么，如何将获奖加标、证书在更多平台展示呢？

第一步，全方位截图，比如在大平台上获得第一名，截图就应包括平台名字、活动内容等。

第二步，将获奖情况写成文章，将获奖图片保存，我们可以将其发到朋友圈、微博，或者 QQ 空间。如果写成文章，里面要加上获奖的配图。

第三步，努力争取更高更好的标签。

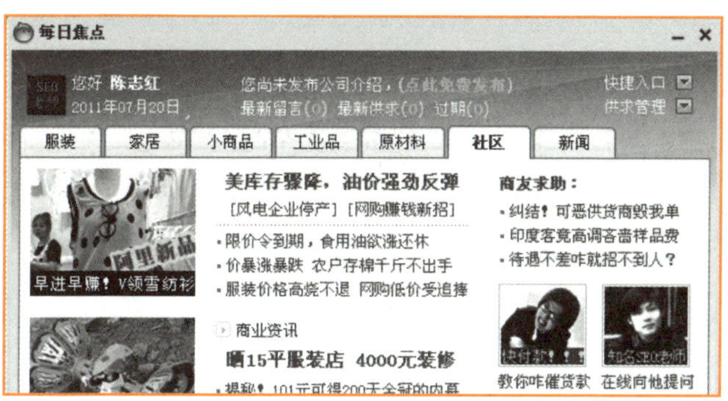

总之，加标与获奖、证书要在更多平台展示，图片一定要保存，也许在今后的宣传中会用得到。

第78招

专家的标配：行业内容+订单+客户

在一个行业能坚持很久的人，通常有两类，一类是商业行为，在工作之外做自己喜欢的事情，如写纯文学；二是将工作与生活合为一体，同时又是兴趣，就如我们的一些学员。

我经常与群里的人聊天，也会观察他们生活中是怎样的人，我发现他们都在努力让自己多懂一些，以便多收获一些。经常能看到他们走出去，去与同行交流，去学习，学习 MBA 之后，继续学 EMBA，他们总是希望有更高的圈子，能认识更优秀的人。

要想成为行业专家，我们必须要踏踏实实地做事，做到了，才会有收获，有了收获，才会有更大的追求，在自我成长的同时，我们会去追求更好的产品，更好的服务，更好的客户，这是一个良性循环。我认为新媒体行业写作者要想成为专家，必须有这样一个标配：行业内容 + 订单 + 客户。

行业的内容不只是丰富行业知识这么简单，自己也要融入行业内容中去，包括我们本人，我们的生活，我们的获奖情况，都应该成为行业内容的一部分，这样做不仅提高了自己，也丰富了行业知识，为行业代言。有订单才说明方向没有问题，有客户，才能使我们渐渐地在行业中脱颖而出。

具体来讲，该如何理解行业专家的这个标配的三要素呢？我们可以从三个方面来解读。

1. 行业内容是我们的基础，是源头，也是我们的追求

要进入一个行业，肯定要懂得行业里的知识，在这个学习成长的过程中，我们也在分享行业知识。丰富行业知识是我们的初心。在新媒体行业写作中成长，收获订单，帮助别人。即使有一天我们很优秀了，有了很多订单，依然要坚持学习，让自己变得更好。

2. 有订单才能更持久

有的人想学一样东西，但学了一段时间后就放弃了，或者学完就丢到一旁，因为没有用，新媒体行业写作不同，我们要有更多订单，就需要持续地写，渐渐地，订单会越来越多，我们也会写得越来越好，很多知识可以代代流传，终身受益。

3. 有客户，才更有说服力

做一件事，看到了收获，才能更好地坚持，当我们有很多收获时，在分享的时候就可以举出很多例子，从没有客户到有很多客户，这是成长的过程，其实我们不只是在说服其他客户，也是在说服我们自己，给自己坚持下去的勇气与毅力。

专家的标配是行业内容 + 订单 + 客户。我们进行新媒体行业写作，追求的不仅是了解行业知识，更希望在写作的过程中，将行业知识变成自己的财富，在自己成长的同时，去带动更多的人成长，在自己拥有经验的同时，分享给行业里的人，当然，最主要的还是获得更多订单与客户。

这条路很长，没有尽头，一开始我们会很辛苦，但越努力，机会就会越多，越向前，收获就会越大，成就自己的同时，也会成就更多的人。只有定位行业领导者，才有可能在行业中脱颖而出，为了这个目标，我们需要做很多努力，只要坚持新媒体行业写作，我们的素材就会越积累越多，最终成为专家。

第九章

新媒体行业写作在企业中用途更广

第79招

商业的沟通与交流，一定是以内容为载体的

人与人的沟通是以内容为载体的，可以是声音、文字，也可以是手势，或者图像、视频等，同样，商业沟通也要以内容为载体，而且因为竞争、因为买卖，会需要更多的沟通。新媒体行业写作做的就是内容，因此学会了新媒体行业写作，在企业的很多地方都可以应用。

有一次去朋友的公司，他们公司是传统企业，在网络上销售产品，员工非常辛苦，我朋友也很累，他们每天主动找人聊天，还要开早会、晚会，所有的一套流程全都是传统企业的模式。我告诉朋友，在互联网时代应该做好内容，而不是做推销，因为很难接触到人，你每天都在强调业绩的时候，更应该看看做了多少内容，做好内容，客户就会主动上门，业绩随之而来，而且公司做得越久，客户也会越多，当然，员工的收益也会越多。

经过改善之后，朋友的公司算是正式与互联网接轨了，员工每天都有事情做，赚得也多了，朋友的工作也轻松了不少，除了把控大局之外，只需看看报表、抽检即可。

在一个企业中，如果老板累，员工累，我们就要停下来想一想我们的方法是不是找对了，之前做生意要上门拜访，在互联网时代，哪里聚集的人多，去哪里做广告即可，因为我们很难在现实中联系到他们，除非他们主动来找我们。

那么，怎样才能让客户找到我们呢？唯一的好办法就是靠内容脱颖而出。在当下这个时代，产品非常丰富，到处是产品，外包装也大同小异，要想脱颖而出就要做好内容。为什么一定要做好内容呢？

1. 公司可以一直积累，包括品牌、内容等

今年公司的营业额做到了 500 万元，明年的目标是做到 1000 万元，如果没有积累，只能靠增加员工，培训新人，这样的循环结果就是用人成本的增

长导致企业发展受阻。就像我的这个朋友，他的员工肯定是在不断成长，可当工资不能再高时，他们就会去其他公司工作了。所以，只能一直招聘，一直培训新人，然后员工还可能不断地流失掉。陷入用工泥潭中会非常辛苦，公司也很难成长。但要是有积累就不同了，有积累会越做越好，员工也会越来越努力，不会流失，公司每天都有沉淀，每年都会上一个更高的平台。

2.公司可以一直良性循环，包括员工、老板、客户

尽管公司每天都会全力以赴，但若没有积累，员工就会去其他行业，客户也会流失，老板则会更累。而做好了内容，员工努力了，就会站到更高的平台，自然不会离职，公司也不会完全依赖员工，不管员工是否离职，公司都会越来越好，公司效益好，招人就更容易。客户自然也是越来越多，而且还会有更大更好的客户涌入，因为企业规模大，他们也会更有安全感。

因此，对于一个公司来说，内容真的很重要，无论是公司内部还是公司外部都离不开内容，比如，我们的技术是不是越来越好，流程是不是能更加快速等，而且这些内部内容也可以转变成外部内容。我文中提到的这个朋友一开始不知道内容该从哪里来，我告诉他，每天开早会、每周的产品培训就是内容，将这些内容放到网络上，就会有很多人看。

大家在做内容的时候要注意三点：一是要把做内容变成公司营销的一部分，培养做内容的人才；二是即使没有生意，也要做内容，有了内容才会有生意；三是老板起到带头的作用，带动整个公司都重视内容。

内容是我们的载体，更是商业技术、企业技术，它是企业的重要组成部分。

更好的简介会带来更好的业务

人们在网上购物，搜索一款产品，会呈现出几十页的产品信息，经过一番比较，我们会选择其中的一个商家，为什么会选择它呢？因为它传递出来的内容让我们放心。

我的学员中做阿里的较多，不少都是老板，我会要求他们做网络描述时，一定要老板亲自把关。有人说我不会美工，不会写文章，怎么办？我会给他们做好模板，让他们按照模板来写，实在写不出来，就做成语音，让美工按照要求来做。因为内容做得好，所以，大家的生意都做得不错。

为什么要老板亲自来做描述呢？因为美工不懂公司简介、生产流程等内容，他们或许会直接上传产品图片，而对做 B 类生意的客户来说，他们要了解公司，了解生产流程，这些事情必须老板亲自来做，老板知道客户要什么。客户在看到描述后，会选择更为专业的商家。

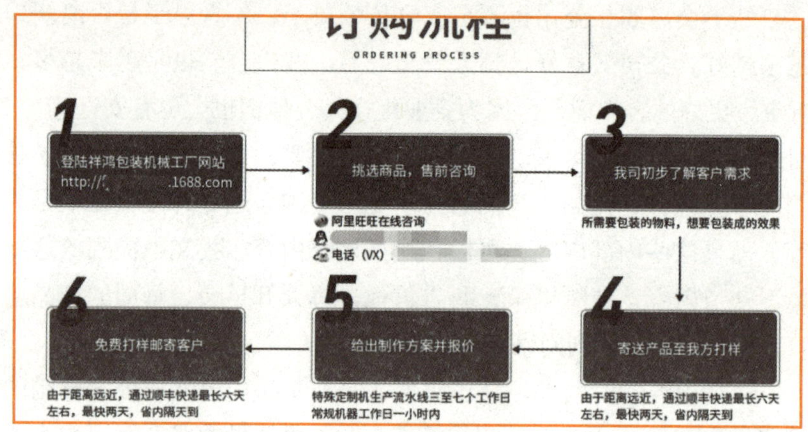

一个好的简介应包括三个方面，具体内容如下：

1. 公司简介

一般在零售的页面，我们很少看到公司简介，但在生产批发加工定制的页面，大多能看到公司简介，因为客户看重的是工厂的生产、加工、定制、批发等服务能力，所以，我们要介绍公司、公司创始人的故事、企业的机器、定制售后的流程。同样，在进行新媒体行业写作时，我们也要注重这些内容。

2. 产品介绍

这是必须要有的一项内容，不管是生产还是零售产品，若是零售产品的商家，将产品图片上传，写清楚产品的使用与注意细节即可；加工定制的商家，即使没有现成的产品，也会有样品，以往的产品、图纸，这些都要展示出来。另外，产品与同行对比的优势，也要描述清楚。

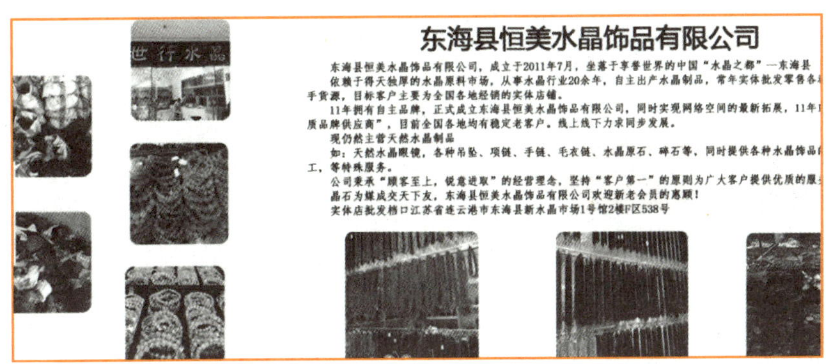

3. 行业介绍

这一项很少有人会去做，却是新媒体行业写作的重点，也是我们学员要做的重点。只有一个产品宣传册，一个店铺的页面，很难让人产生了解的欲望，有了行业介绍就大不同了，外行人在了解后，也能成为代理。为了方便读者，我们要写成文章，让大家来看。

新媒体行业写作不只适用于线上，线下依然会用到，比如，做产品的宣传手册、公司宣传手册，培训员工与客户等，我们是不是同样能做得专业呢？

好的简介有哪些作用呢？

一是带来更多的用户，因为会有更多流量，而且还会二次传播，自然客户就多了。

二是带来更好的转化，同样的页面，简介做得好，就会吸引用户，从而提高转化率。

三是带来更优质的客户，好的产品、好的内容吸引的是好客户，当客户足够多时，我们就可以选单做。

四是更好地维护老客户，老客户一直在积累，会有持续的订单，企业才会越做越大。

新媒体行业写作，对于一家企业来说，不只是从一个环节去优化，而是带动企业，带动行业的发展，因为新媒体行业写作的核心是人，一个人成长了，会带动身边很多事物的成长。

第81招

写作让内部管理更规范

对于一家企业而言，对外的营销与对内的管理一样重要，两者相辅相成，尤其是规模较大、人数较多的企业，要提高管理效率，降低管理成本，而这些都是我们写作的内容之一。

大学毕业之后，我进入工厂管理层，就一直在学习，在学习的过程中，我发现了很多问题，比如，公司的库管要离职，需要提前两个月递交辞职报告，否则库房里的东西根本找不到，他要是请假了，就影响一大群人，报价也没法报了，东西也没法拿了，配件部门也会很辛苦。

那么，我们能不能将其规范化呢？我便亲自去整理，每整理一项就将其标注出来，每一样东西还有多少，都做好记录，那时仓库还没有电脑，我需要每天做报表，然后通过电脑将文件共享，这样一来，每个产品在哪里，库存还有多少，出库入库多少，大家都清楚了。此外，我还做了仓库人员管理条例，即使是新手上任，不认识这些东西，因为我放有标卡尺，如何看，东西放在哪里都有规则，那么，他三天之内也能上手。

现在已经过去很多年了，我也不在那家企业了，但当初制定的一些管理条例，依然还在用，整个公司井井有条，迟到扣几分，请假找谁批复，扣多少工资，全都一目了然，所以说，擅长新媒体行业写作的人，做起内部管理，也会得心应手。

做好企业内部管理，主要有三点：一是人的管理，二是物的管理，三是成长的管理。

1. 人的管理

简单地说，就是做事的流程，也就是新媒体行业写作中提到的规章制度，有了制度，大家才有章可循，包括公司员工、老板，不管是打卡，还是签到，不管是加班，还是早退，一定都要有相应的制度，让每个人都看得懂的人性化的制度。

2. 物的管理

物的管理不只是公司产品、机器，也包括内容的积淀、技术的积累、品牌的积累、影响力的积累。做了很多年，是不是比工厂最初时的效率增加了，品牌变大了，人均产值也增加了呢？是不是比当初客户更多了，对客户的服务也做得更好了呢？

3. 成长的管理

很多企业不太注重成长的管理，对于一个企业来说，不管现在处于什么水平，成长都是非常重要的，在新媒体行业写作时要特别关注这点，比如，什么样的手法效率更快，虽然已经做得很好了，但总会有更好的方法。

当内部管理做得很好时，为外部的营销提供了很好的素材，也能更好地接到订单，企业才能成为更好的榜样，值得更多的人去学习。

在企业的管理中，提高效率，即提高人均产值，应该是重中之重，所以，我们需要将其规范化，做成流水线。

每年年底，很多企业都会发奖金，举办公司的年会，如拖拖姐、护栏姐，而这些也是新媒体行业写作的素材，还有公司内部进行的业绩与内容的 PK，这些原本属于内部管理的范畴，将其写成文章后，客户也能感受到企业的用心与朝气。

如果你没有公司，只是一个人在做，怎么办？有的人在家带孩子，也能接到订单，年销售额达到 3000 万元，因为他自律性强，每天要做什么事情都能规划好，就像严格执行公司的规章制度一样。

第82招

让企业得到更美、更全面的展示

爱美之心人皆有之，为了变美，我们会用化妆品，坚持锻炼，还要用上美图神器，其实，做企业也是一样的，也要给人以美感。马云就曾提出过“小而美”的理念，也许我们不像大企业有那么大的销量，但同样会有属于自己的市场，我们要的是比同行好一点，更好一点。

产品是体现企业美的一个重要方面，所以，要把产品拍得更美一些，护栏姐的图片就拍得非常美，这种美不仅是图片带给人们的直观感受，看她的图片就能感觉到她的朴素、踏实、真实，有些人文笔不好，但写出来的是真情实感，这也是一种美。

那么，如何通过新媒体行业写作让企业变得更美呢？

1. 让企业的内容更加美观、大气

比如，图片是否美观，文笔是否好，企业素材是否丰富，如果觉得这些方面还不够完美，我们要努力让其更加完美，才能让企业内容更加美观、

大气。

2. 文章写得是否专业，是否有真情实感

做到这一点比较难，需要不断地学习，文章写得是否专业要建立在具备丰富的行业知识的基础上，是否有真情实感，则体现了写作的人从浮躁到脚踏实地的过程。

我们按摩椅厂家动态	
按摩椅姐：生活需要毅力，考个驾照不容易。	阅读(246) 评论(0) 2018-04-18 18:13:36
按摩椅姐： 努力做好自己，不要羡慕别人。	阅读(359) 评论(0) 2018-04-03 16:14:39
福安按摩椅厂家：成长的印记，感恩阿里。	阅读(352) 评论(0) 2018-04-03 16:12:03
福安按摩椅厂家：11月份总结。	阅读(348) 评论(0) 2018-04-03 16:10:40
按摩椅哥：双十一疯狂的生产，停不下来。	阅读(338) 评论(0) 2018-04-03 16:09:29
福安按摩椅厂家：十月份总结，忙碌不停。	阅读(340) 评论(0) 2018-04-03 16:07:16
按摩椅姐：学会取舍，做快乐的自己。	阅读(336) 评论(0) 2018-04-03 16:05:35
福安按摩椅厂家：7月份总结，成长点滴。	阅读(492) 评论(0) 2018-04-03 15:00:01
按摩椅姐：服务至上，让自己变得更好。	阅读(300) 评论(0) 2018-04-03 14:58:17

3. 追求成长，追求梦想

无论是个人还是企业，都要追求成长，追求梦想，才能成为最美的人，最美的企业，现在我们的实力较弱，唯有不断成长，才能壮大自己，在激烈的市场竞争中获胜。

新媒体行业写作，简单地说，就是做素材，抒发内心情感，我们的素材里体现着我们的情感与灵魂，若我们追求进步与成长，大家从文章中就能感受得到，企业传达出来的就是积极向上的美。

新媒体行业写作靠内容驱动，好的行业内容才能更好地展示企业，这也是客户最为看重的东西，他们希望能够全方位地了解企业，而不是只是在店铺中上传几张图片，发些传单，如此简单。

互联网正在让传播变得越来越快，也让一些人更容易脱颖而出。我有一个朋友，在家带孩子，闲暇之余就在微博上写写带孩子的心得体会，并且每天拍图，人长得漂亮，又懂得打扮，还是个爱学习的辣妈，所以在很短的时间就吸引了大量的粉丝，如今她和宝宝成了大 V，不少人来找她打广告、做代言，同样实现了财富增长。

在过去，客户只能看到产品，不了解制造产品的工作是怎样的，现在借助互联网，客户可以看到工厂的产房、仓库、员工、发货的情况，给大众一个全方位的展示，而这些都可以成为新媒体行业写作的内容。

第83招 提升企业对内对外的沟通效果

沟通是企业经营的一个重要内容，不管是对内沟通还是对外沟通，很多事情都需要通过沟通才能做好，很多问题都需要在沟通中解决，很多合作都需要在沟通中达成。而新媒体行业写作则能够担当起企业沟通的桥梁。

我有一个初中同学，第一次住校的时候，父母担心他吃不好，他便把饭菜拍成图片，发给父母，那时还没有微信，使用彩信发送，图片也不是很清晰。后来这个行为就成了习惯，上大学时也会将每天读书、跑步、吃饭的图片都发给父母，多年过去了，他已经成家，还是会经常发图片给父母。

对于不会打字的父母来说，这些图片就是与儿子很好的沟通方式，同学通过图片将自己每天的生活内容都展示出来，让父母放心。

同理，企业也需要定时与客户沟通，在客户面前全方位地展示自己，一些大企业有内部论坛，大家可以在论坛上讨论，小企业虽没有论坛，也会有群，在群里进行沟通，很多事情都能顺利解决。新媒体行业写作也具有对内沟通的作用，主要表现在三个方面：

1. 规章制度

通常规章制度就是一个大纲，小公司往往规章制度不多，就那么简单的几条，但需要的沟通却最多，因为有些制度可能制定得不够合理，需要讨论，需要试行，才能制定出更为合理的规章制度。

2. 内部的经管流程

内部的经管流程包括生产经营、营销管理流程，通常需要老板与管理层，或管理层之间进行沟通，才能使内部的经管流程更加科学，有助于提高企业的效率，效率提高了，意味着生产力的提升，才能在竞争中有更多的优势与机会。

3. 内部的通知与奖励等

这也是非常重要的一环，而且它需要与公司的规章制度、经管流程相配合，通知与奖励，需要经过多方面的内部沟通，才能对企业的发展、管理起到促进作用。

将对内沟通做好后，就可以成为对外沟通的素材，哪个客户都希望与之合作的企业服务好，效率高，生产检测严格，发展快速，这些都是可以通过我们的文章表达出来的内容。

借助互联网，对外沟通的速度相比过去快多了，写博客、发微博，抑或者是开直播视频、记者招待会，都可以转瞬之间传遍大江南北。

新媒体行业写作在对外沟通中主要表现在四个方面：一是行业知识的沟通，这是新媒体行业写作的重点；二是公司、产品情况的沟通，包括公司的图片、生产情况、机器设备、生产过程以及产品库存等的对外发布；三是日常企业运行、公司新闻动态；四是重大事情的沟通，这种沟通要非常慎重，字斟句酌，文末还要加盖公章，以示严肃。

此外，在进行新媒体行业写作时，有关沟通的内容一定要体现正面引导的态度，积极向上，传播正能量。

网络时代，做内容是做底层建筑

什么是底层建筑？最简单地说，就是我们脚下站的地方，是有限的资源土地，我们在土地上建房子，房子就是我们的私有物品。

每次回家，我都会经过一段路，路两边有很多房子，有的房子只打好了地基，有的只建了一层，也有的建了两三层，很漂亮。不过，大部分的房子都没有装修，之前我不知道为什么，一次偶然的机会，我见到了一个正在建房子的人，询问缘由，他告诉我因为没有那么多钱装修，可土地必须先买下来，不然就会被别人买走。

我又问：为什么不等有钱了，一次性将房子盖好呢？他说很难存住钱，只能先把地买下来，然后做地基，盖第一层，装修，然后盖第二层，有钱就

盖得快一点，没钱就盖得慢一点，用不了几年，一栋房子就盖起来了。

这个故事带给我很大感触，在这个世界上有些资源是有限的，你不去做，就会被别人抢占了先机，就像买地，把地买下来了，以后有的是机会盖房子，想怎么盖，怎么装修，都可以。

互联网，在一般人的思维里是无穷大的，有的是机会，其实不然，有些资源也是有限的，比如，百度首页上只有 10 个位置，微博的昵称、阿里昵称、公众号的昵称、域名等，都是唯一的，占据了这些位置，也就占领了市场，如百度的某些词，首页上只有 10 个，如果你占据了 8 个，那么，客户在搜索这个词的时候，找我们咨询的机会就更大。

进行新媒体行业写作也要做底层建筑，那么，要如何去做呢？

1. 平台首页的位置是有限的

如阿里搜索首页上有 60 个位置，百度首页上有 10 个位置，商友圈首页顶部会放 5 篇文章，广告位置只有两个，如果我们不去争取，就会被别人抢了机会，做内容也是需要去抢占很多重要位置的。

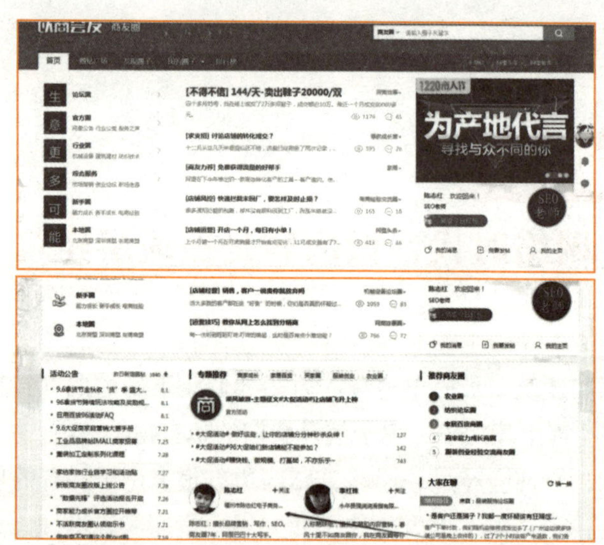

2. 很多的资源都是独一无二的

如 QQ 号、域名、微信号、阿里公众号等，这些都是固定的资源，很多域名都自带流量，自带气场，这和 IP 是一样的，在众多活动中，第一名一般只有一个，谁获得了第一名，谁就会吸引很多的目光与关注。

因此，我们要努力去抢占位置，占领市场。在互联网上做内容就相当于做底层建筑，具体要怎么做呢？

第一，一定要趁早。早些买土地，会很便宜，万一一整条街都起来了，说不定你的位置就是最繁华的地方。

第二，做得要比同行更好。这和产品比同行好，装修比同行漂亮，是一样的道理。

第三，做得要比同行更多。别人占领一个位置，我们就占领三个，那么，我们的生意自然会更好。

其实，这和人们买房子出租是一样的道理，一些人建网站，排名靠前，就将其出租，按月或按年收租金。而作为一个新媒体行业写作者要占领更多的位置与先机，就要做更多的内容，拥有更多的用户，将个人IP、品牌做好，这些，也都是在为未来做好底层建筑。

第85招

好内容能带动销量，促进企业发展

什么样的内容是好内容呢？简单地说，就是能达到我们目的的内容，就新媒体行业写作而言，就是能带来购买力，能广为传播，还能多次购买的内容。

我认识一个开餐饮店的老板，经过多年的创业才小有成就，一次记者采访过他之后，写了一篇文章，发表在了杂志上，就是这篇文章给他带来了500多个加盟商，这篇文章就是好的内容，但这个好的内容是以他多年创业的经历为基础的。

我有一个学员销售女装，并代理其他人的产品，他在阿里上写了一篇有关创业的文章，上了阿里博客首页，轮播图，持续了一个多月，就让他招到了500多个代理，当然这种事情是可遇不可求的，因为能在那里持续待上一个多月的概率很小。

有的时候一篇文章就可以带来很大销量，促进企业的发展，不过，要写

出一篇好内容也不容易。我认识一个写歌的哥们，写了几千首歌，只红了一首歌，可他自己觉得那首歌很普通，不清楚为什么会红，或许是老天对他努力的回报吧。其实很多明星也是如此，靠一部作品声名鹊起，开始了璀璨的人生。

当然，如果能写出多篇好的内容，就更能带动销量，促进企业发展了，那么，我们该怎么做呢？

1. 做好个人 IP

做好个人 IP，我们的一生都会有很多机会，但要做好个人 IP，需要我们把每一个基础的事情都做好，就像我们平时不努力学习，很难考出好成绩一样，打造个人 IP，也在于平时的积累，平时的努力。

2. 每次活动都要尽量参加

要想成为明星，就要把握每一次演出的机会，每次唱歌都要很认真地准备，很努力地去唱，有活动就要参加，把握每一次可能成名的机会。同样写作也要多参加活动，通常新媒体行业写作的活动门槛都不会太高，多参加，胜出的概率就会更大。

3. 每次练习都要当成实战，跟着大平台方向努力做好

写一篇文章就能马上被推荐的概率很小，可当我们写出 10 篇、100 篇，而且每一篇都用心去写，那么，被推荐 10 次、20 次的概率会很大，说不定哪一篇就成了爆文。

就如我上面提到的餐饮店老板，因为平时的努力，才会有一下子招 500 个加盟商的可能，三年后，这个老板又新做了一个品牌，这一次，他不仅将采访的文章发表到杂志上，还发到了网络上，这让他收获了 400 多家加盟商。我始终认为，不是他的营销手段有多么好，而是他积累到一定程度的厚积薄发。

市场一直在变，我们也要跟着市场变，也许今年这个产品很火，但我们依然要考虑明年的产品方向，按摩椅哥，之前生产普通的按摩椅，共享按摩

椅出来之后，他便抓紧研发共享按摩椅，跟着市场的步伐，才能越做越好。

对于做 B 类生意的人来说，说不定一个代理、一个客户都能和我们合作很久，我们只要在维护好客户的同时，争取做出更好的内容，就能超越同行，拥有更多的客户，并跟着市场的步伐，更新产品，那么，企业的未来一定会是灿烂辉煌的。

第86招

写作是一对多的沟通，大大提高效率

明星发一条微博，很快就能传遍网络的各个角落，因为写作是一对多的沟通，效率非常高，开会虽然是面对面沟通，但没有文字来得正式与具体，很难让人记住。

大家都看过四大名著，无论是过去还是现在，乃至将来，都会有人看。在网络时代，看书就更加便捷了，打开电脑、手机即可。那么，一本书能成就一家企业吗？琼瑶、金庸，他们的第一本书火起来之后，确定了写作风格与方向，从此便一发不可收拾。企业营销界的叶茂中，写过一本广告人手记，销量不错，这给他带来了很多业务，让他不再需要主动找客户，且不讲价，因为他有很多客户，从中挑选质优的客户，就已经让他忙不过来了。

我们写一篇文章，可能有几百人、几千人、几万人看，有上千人参与讨论，这是一对多的沟通，不仅读者会传播，平台也会帮我们传播，效率非常高。

一对多的沟通，既包括对内沟通，如企业内部管理制度、通知等，也包括对外沟通，如产品、技术、战略、新闻等，通过写作可提高对内沟通的效率，主要表现在三个方面：

1. 具体，完整，传播快

写作可提高对内沟通效率，是与视频、开会相比而言的，通过文字可把每个细节都看清楚，不像看节目，节目要表达什么意思，还需要大家去思考，不像开会容易忘记，将文字发到群里，大家就全明了了。

2. 方便保存，这也是企业的资产

市场变化快，有许多东西需要及时掌握，但我们不能保证每一项内容都记得很清楚，比如公司的管理制度，所以，我们需要以文字的方式，将其保存下来，这也是企业的重要资产。

3. 便于修改，提升技术

不管是大公司还是小公司，都有属于自己的技术，而且技术需要不断地提升，就像修改文章，确定了主题，写了内容，还需要不断地修改，才能使文章更加完美。

七. 一般的护栏颜色是哪些?
就象现在我们生产的这种**锌钢护栏**，常用的有黑色，灰色，白色，蓝色，
用颜色都可以按要求来定做自己喜欢的进行生产。选择护栏的颜色，可以
活泼一点，有的就适合用简单朴素大方的素色系或者纯颜色搭配，就好比
的呢。虽说护栏颜色在整个建筑物上是属于附属的一种，但是正是这些
不一样的协调和美感，就像，家的温馨环境也是一点一点创造出来的，
让建筑物有一种无以言表的整体美感。
对于需要锌钢护栏的使用用户，只要这几点大概地有了目标，再加上厂家
心意的理想产品，现在通讯工具这么方便，有什么事情或疑问可以随时

八.锌钢护栏散装好还是整体发货运输好
锌钢护栏的优点就是运输方便，可以散装运到客户需要的工地，散装护
材进行不同尺寸，不同颜色，不同型号以及配件的分类包装，**15137390**
过包装之后再给客户发货，这样的包装比较实在，一件紧挨着一件码放

对外沟通主要包括行业知识、产品与企业、动态等。行业知识是写作的重点，这一点不用再说；产品与企业，一个公司要做销售，一定要有产品，做 B 类生意，客户更关注企业的能力，如生产加工的实力；动态，是指企业的日常生活，以及企业的新闻与重大说明。以上这些内容用其他形式不便于

传播时，就可以用文字来传播、沟通。

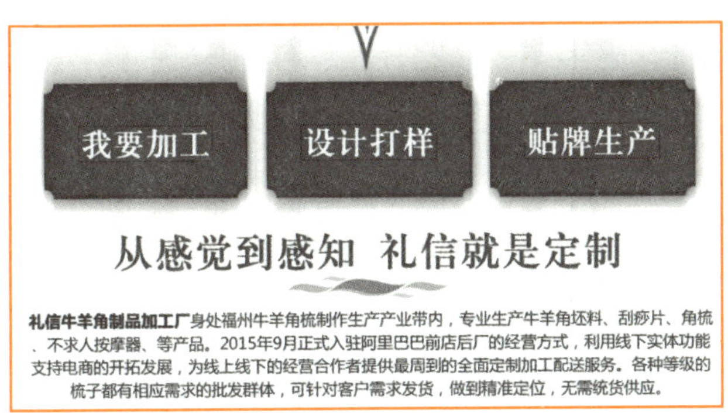

与企业内部沟通一样，外部沟通也具有同样的特点：第一，具体，完整，传播快，用文字进行对外沟通时，可以具体到每个产品的细节，能够完整地表述企业的每个细节、每个动态，传播快则是网络文字的一大特点。第二，便于永久保存，也是企业的重要资产，文字可以把每一次沟通永久地保存下来，这些保存下来的内容都与企业的品牌、客户、市场有关，是企业的重要资产。

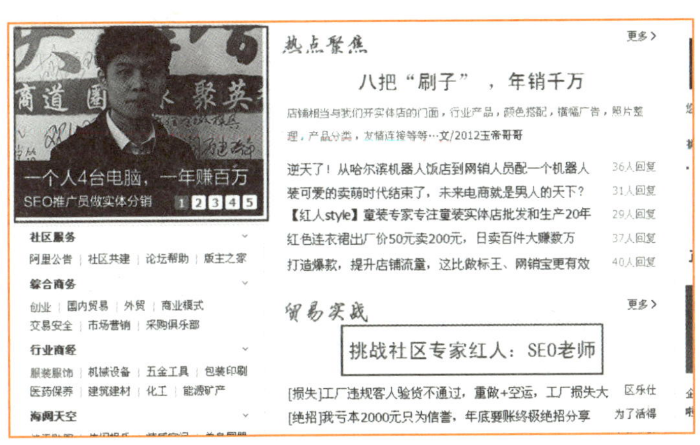

从以前的写信时代，到固定电话时代，再到手机时代，沟通效率逐步提升，企业对内对外的沟通方式有很多种，但选择较多、速度较快的则是写作。

第87招

行业写作使企业与老板都得到积累

任何事情都需要有一个积累的过程，我们从小学读到大学，需要时间的沉淀，就像一棵树，要从树苗长成参天大树，是需要经过多年积累的。

有个人做了两年的天猫，做得很累，他觉得还是做批发好，就在他要关掉天猫的时候，有个企业找到他，问他的商标卖不卖，他注册了好多商标，要买他商标的是拥有几百亿美金资产的大企业，人家要做全品类产品，就差几个商标，结果他那几个商标卖了百万元，因为商标的域名也在他手上，这就是积累。那么，我们的企业发展了那么多年，沉淀下了什么，是资产还是技术，抑或者是专利?

我有一个朋友和几个人合伙进行互联网创业，后来，朋友要回老家，就与几个合伙人分财产，最大的财产就是公司的 QQ 号和平台账号。

同样，新媒体行业写作也需要一步步积累，这种积累对企业而言，主要包括三个方面:

1. 技术的积累

创建企业之初，我们的技术很一般，通过不断学习、改进，我们的技术越来越好，效率越来越高，那么，这个技术的价值就非常大。

2. 内容的积累

如行业知识的积累，只要我们的联系方式一直在，就会有客户，即使我们转行了，客户也会找到我们，因为这些内容已经留在消费者头脑里，就像品牌一样，这都是企业的资产。

3. 资源的积累

有的企业效益不好，为什么还会有企业愿意收购呢?因为它有客户，有供应商，有专利，有商标，将该企业收购之后，就可以直接使用这些资源。新媒体行业写作也是如此，我们一点点地来做，争取别人来购买。

任何一个企业，都有一个从小到大的发展过程，人也一样，都有一个成长的过程。我的老家福建德化，是有名的瓷都，也是陶瓷产业带，那里的不少老板以前都在别人的工厂打工，后来因为刻苦学习，弄懂了整个流程，有的成了管理层，把工厂管理得很好，也有自己创业，投资建厂的。

这就是一个积累的过程，从什么都不懂，到能够将整个公司管理得井井有条，即使有一天，自己不再创业，在任何一个工厂都能做领导，进入管理层，因为你有积累，有技术。

新媒体行业写作能把我们成长的过程记录下来，能把我们的积淀变成随时的传播，我们的客户、供应商一直都在关注着我们，随着时间的推移，我们在不断进步，客户对我们也越发的信任。

第88招

线上线下相互促进，获得更多订单与传播

最初写文章只是在线上，渐渐地，我们的订单不仅来自线上，还会有线下的订单，传播也会包括线下的传播，两者会相互促进，当然，线上写作会一直是我们的切入点。

朋友的父亲开办了一家工厂，做了几十年，以前做销售完全靠上门拜访，或者自己拿着产品到街上去卖，或者买本电话本，挨个打电话去推销。朋友大学毕业后，就参加了新媒体行业写作学习班，从中学到了很多方法，接到了不少订单。包括福州本地的订单。这些客户会亲自过来看厂，那么，外地的客户怎么办呢？借助网络，让他们用手机看视频，效果也不错。短短几年的时间，销量就超过了过去十几年的总量。

朋友的父亲很感激自己的儿子，他说若不是儿子，工厂还和以前一样，不可能有现在的规模，朋友的成功得益于网络的力量，也是新媒体行业写作

的力量，有不少客户都是主动而来的。为什么新媒体行业写作可以让我们拥有线上线下的订单呢？

1. 依靠网络积累，远程客户可以主动找到我们

这一点很重要，以前我们去拜访客户，千难万难，还需要各种关系。现在有了互联网，我们只要做好新媒体行业写作，就不愁没有客户，远程的客户也可以看到我们的工厂，客户可以遍布全国，甚至是全世界。

2. 有积累，会让沟通更简单

以前要朋友介绍，觉得欠人情，还得看关系铁不铁，可当我们有了一定的积累的时候，别人可以像介绍明星一样介绍我们，取得了什么样的成绩，获得了什么样的奖项，不由得提高了我们的信任度与身价，别人要转介绍也会很容易，而且成功的概率会大大增加。

3. 有积累，可以接触更好的供应商和大客户

没网络，我们个人要与世界 500 强做生意，几乎不可能。网络让一切变得可能，只要我们足够优秀，概率就会更大，能让我们接触到更多的供应商和大客户。

以前要在线下开一个 3000 人的演唱会，即使是明星，都很难开成功，因为宣传推广难，现在网络直播轻而易举地就可以达到 3000 人，一篇文章的流量超过 3000，那更是简单的事情了，广泛地传播让我们从线上走到了线下。

我认识一个朋友，在线上研究时间管理，研究了十几年，若没有网络的推广，不会有人知道他，但现在连中国 500 强、世界 500 强的企业，都会付费请他去分享，让他有机会与名人同台，他经营的只是新媒体行业写作，但线下分享又为他的线上写作提供了素材，构成良性循环。

有些人虽然很年轻，但有一技之长，在一个大平台脱颖而出之后，很多机会都会砸向他，线下的人也会互相介绍，世界是立体的，线上线下是互联的。很多在实体成功的人，在网络上也会自带流量，就如我们习惯购买一个牌子的衣服，不管是在实体店购买，还是网购，我们都会选择这个牌子。

新媒体行业写作不管怎样传播，其源头一定是我们自己，做好品牌之后，机会就会越来越多。

第十章

个人IP和企业品牌推动行业成长

第89招

丰富行业知识，为行业代言

丰富行业知识是写作的路径，为行业代言是写作过程中必做的事情，它能推动整个行业向前发展，行业向前发展又会反过来促进我们的成长。

从古到今，每个行业都有很多优秀的人，正是这些优秀的人慢慢地推动了行业的发展，虽然我们还不够优秀，定位是配角，但我们同样可以为行业的发展贡献自己的一分力量。我鼓励我的学员们走出去，去了解客户，去了解消费者，看看他们到底有怎样的需求，有怎样的问题，我们是不是可以帮忙解决。我们在网络上发表文章，尽量将图片拍得漂亮一些，内容写得用心一些，排版做得整齐一些，因为我们代表着一个行业，我们的文章在为行业代言。

我们既是分享者也是学习者，将学习到的行业知识写进文章，应该从三个角度入手：

1. 把自己看成客户，看看需要怎样的知识

把自己当成第一次接触这个行业的客户，你一定会有很多问题。农业养殖机械食品机械刘平出售销售铡草机、饲料粉碎机、揉丝粉碎机、饲料颗粒机、莲子剥壳机，假如我们要购买莲子剥壳机，就会问这种机械需要用电吗，一个小时需要用多少电，售后服务有哪些，能否直接运输到我家里等，将这些问题用文字、图片作答，就能很好地解决客户的问题。

2. 把自己当成用户，看看需要怎样的知识

用户不一定是我们的客户，但确是实际使用我们产品的人，他们会对我们的产品深入研究。以莲子剥壳机为例，他们可能关心这种机器的工作原理是什么，如何防止生锈等，这些都可以成为文章的主题。

3. 把自己当成同行的创业者，看看需要怎样的知识

把自己当成同行的创业者，要从有创业的想法写起，比如，同行会考虑

莲子剥壳机的利润是多少，一般需要从哪里进货，行业趋势怎样，市场有多大等，我们把这些问题详细地阐述出来即可。

当然，丰富行业知识的问题还有很多，但我们主要从以上三个方面做好，就能帮助很多人，同时让自己成长。回答问题时一定要用心，始终要记得我们做的每一项工作都是为了打造个人 IP 和企业品牌，也是在为行业代言。

如何为行业代言呢？具体来说，包括三点：

一参加活动时，要想着为行业而参加，并非代表一个人，而是一个行业，这样就会产生集体荣誉感。

二热爱行业，热爱产品。当我们真的爱所在的行业与产品时，字里行间都会透露出浓浓的爱，这种爱别人是能够感受得到的。

三是为行业创造更好的内容与产品。图片要拍得更美，文章要写得更好，并且要不断地打磨产品，打磨包装，才会得到更多客户的信赖。

虽然一个人的力量很小，但只要努力，就能帮助到别人，也能成就自己。

让个人与企业成为更多人的榜样

要在行业里脱颖而出，需要把每一个细节都争取做到最好，追求个人在行业里的成长，成为行业里的榜样，也要带领企业成为更多人的榜样。不同的定位，不同的侧重点，不同的方向，会决定未来我们会是什么样子的。

读书的时候，特别羡慕那些会读书的同学，也羡慕那些多才多艺的同学，这些同学的父母一开始就给他们确定了发展方向，有的父母认为童年就要开心地玩；有的父母觉得成绩一定要好，要考第一名；也有的父母对孩子没有太大期望，及格就好。

不同的定位，决定了每个孩子将来会走不同的路。不过，人生路很长，当我们发现方向不对时，即时更改，有时还是有机会的，因为人们的认知会随着年龄、经历有所改变。

按摩椅姐，之前写的说说都很短，听了我的建议后，她的每个说说的篇幅都很长，一个改变，让她收获了很多。我们要成为榜样，超越同行，不是努力一下就能实现的，就和写说说一样，你要保证每一条都很用心，不是心血来潮才好好写。

按摩椅厂家陈碧凤 （35p）早上接待从事按摩椅行业很多年的客户，一起交流了非常多，第一印象客户人非常真诚实在，同时好几位老客户新客户针对新产品有需求，都在跟进项目中，马上迎来五一老客户也是抓紧下单生产发货，对于工作按摩椅姐希望每天进步一点点，很开心从小到大订单也是不断递增，合作的客户也是越来越多，可以合作的客户都是诚信为主，互相理解支持的多。

做生意信任是最值钱的，所以按摩椅姐一直不喜欢欺骗性客户，其实一开始也是理解的很多客户一开始希望有一个低报价，会把订货量说的非常大，然而实际合作这样的客户都是没有办法兑现自己曾经的诺言，真正很多大客户都是非常低调，先是开始试单，在一直不断递增订单，彼此之间信任感越来越强，按摩椅姐希望客户可以根据自己真实情况真诚沟通，作为工厂都会支持客户，给出很合理的报价。

君子爱财 取之有道，生意也是如此，有一点的利润就可以了，作为电器产品还会有保修等一系列售后服务，所以一位很大的客户说的一句话按摩椅姐很欣赏：（在我自己有利润的情况下，在乎的是你产品的品质和服务），这样合作才会愉快开心。

成长路上每天都会和很多老客户新客户一起相伴，感谢一直支持按摩椅姐的客户，包容按摩椅姐的客户，按摩椅姐会一直用心努力的做好服务和把关好产品质量，如果你想了解按摩椅家用共享欢迎咨询电话

收起

新媒体行业写作的定位是企业领导者，所以，每一次我们都要做到最好，成为榜样。为什么一定要成为榜样呢？

1. 在追求中实现成长

有了目标，有了高要求，才能促使自己更用心、更努力。正如论语所言：取乎其上，得乎其中；取乎其中，得乎其下；取乎其下，则无所得矣。当你的目标是 100 分时，最差也会考到 90 分，如果你的目标是 90 分，可能连 80 分都考不到。

2. 让更多的人知道我们

假如我们去参加一个 300 人参与的活动，这次活动有 3 万观众，那么，我们就会成为被关注的对象之一，若没有参加，就没有被关注的机会，若获得了第一名，那关注的人数就不止 3 万人了，在同行关注的同时，还能获得二次传播，因此，我们的定位一定是要获得第一名。

3. 获得更多的信任、资源、客户

这一点很好理解，读书的时候，考试考了第一名，学校会有奖励，甚至

可以获得免学费的待遇。同理，我们的文章获奖了，这是市场对我们的肯定，客户对我们的信任，当然会让我们收获更多的信任、资源和客户。

那么，在新媒体行业写作中，要成为榜样，该怎么做呢？

首先，定位为领导者，丰富行业知识，这个方向不能错。确立了方向，我们的每一点努力，都会离成功近一点，而不是南辕北辙。

其次，每一次都争取做到更好，写文章的时候要认真打磨，拍图片的时候要多拍几张，挑选出更好的图片，做好每一个细节，也就将新媒体行业写作做到最好了。

最后，坚持，用时间去沉淀。离成功最近的路便是坚持，当我们比别人坚持得更久时，我们成功的机会就更大。

第91招 更加专业，成就更多客户与经销商

任何一个行业都有很多要学习的知识，当我们进入一个行业，不仅要能解决行业问题，还要更职业化，更专业。

朋友开了一家家具摆件公司，创业之初，报价、制作样品，他都得亲力亲为，非常辛苦，虽说有几个代理，可因为朋友没有自己的库存系统，代理的电话、微信不断，而且他常常无法第一时间回复。

我建议他改进一下工作，以报价为例，之前他一直担心员工知道成本，所以报价都是保密的，我提议他将工厂与办公室分开，这样就可以让员工代替他报价，利用一周的时间，让两名员工每天学习一个小时，学会了报价。

定制样品的事情也托付给了厂长与组长，至于库存，建个网站即可，只需要账号密码，员工登录后便可查看有多少库存，并找人专门负责更新信息，这样一来，经销商就不需要围着朋友转了，经过一个多月的努力，朋友的工作轻松了，效率提高了，销量也上去了。

很多大企业为什么强，很大程度在于它们更专业，当我们更加专业时，

客户与经销商也会更喜欢我们。具体来说，当我们变得更专业时，会有三大好处：

1. 规范化

做什么事情都要有一个流程，有章可依，比如报价，老板要清楚如何报价，员工也要知道，同样生产、销售、库存、售前售后都要规范化，规范化可以使复杂的事情变得简单便捷。

2. 提高效率

无论是个人还是企业，都要把提高效率作为追求目标，当下的市场竞争非常激烈，信息瞬息万变，你比别人慢一步，就可能失去机会，所以，一定要提高效率，有了效率，才可能有竞争的资本。

3. 带来更多的客户与经销商

如果我们足够专业，为客户与经销商提供了更便捷的服务，就会有更多的客户与经销商愿意与我们合作，这也是体现专业化的一个重要方面。

新媒体行业写作做的是内容，同样能体现出我们的专业度，当我们更为专业时，就会有更多的客户与经销商愿意与我们合作。当我们自己变得专业了，我们的公司就会更加专业，对于整个行业来说，也起到了小小的推动作用，同行业会把目光转向我们，向我们学习。

要想让自己变得更专业，首先，要学习更多的知识，尤其是刚入行时，更应该像海绵一样，深入地学习，这是让我们变得专业的基本途径；其次，应用好网络系统，网络能帮助我们解决很多问题，尤其能提高效率；最后，提供全方位的服务，当服务更专业、更规范化、更全面时，我们在市场竞争中就会更有优势，客户和经销商也会更加满意。

当我们变得更加专业时，客户与经销商一定会更加信赖我们，我们与他们的关系亦会更加牢固。

第92招

多写行业干货和动态点，会增加与同行合作的机会

新媒体行业写作与传统销售不同，一般传统销售是有什么产品，销售什么产品，只要努力把产品卖给客户即可，业务就是找客户，新媒体行业写作的话，我们不仅要找客户，还要帮助同行，因为网络的商业模式属于轻模式、用户模式，同行越多，生意越容易做大。

我有一个朋友在福州的大板产业带销售放大板，他有自己的工厂，可即便有再多的库存，也是有限的，我便建议他与同行一起做，比如，将产品上传到商铺，大家一起销售，当然是以自己的产品为主，若产品断货了，就可以去询问同行是否有这样的产品，所以，现在不仅客户找他要产品，同行也和他成为了朋友，请他帮忙销售。

学员许立冲销售的是PLC放大板，如果产品都由他自己生产，需要增加很多新设备与员工，于是，他便选择与同行合作，打造自己的品牌，让同行帮忙加工。

由此可见，看我们文章的不只有客户，还有同行。多写文章，写出高质量的文章，也让我们与同行合作的机会大一些，我建议大家写一些行业干货和行业新闻点，因为同行对这些内容感兴趣。

行业的干货就是能直接操作的内容，为什么要写干货呢？

一是大家喜欢看，特别是那些刚创业的同行，我们的营销或者管理模式或许也适合他们，他们可以直接操作。

二是文章容易被转载，容易上首页。此类文章很少，行业大平台和行业论坛都喜欢这类文章，就容易上首页，让更多的人来关注我们。

写行业干货虽好，但在写的时候要注意两点：一是在产品有一定销量之后再写，而且尽量要配图说明，因为只有我们从中真的学习到东西了，才会有干货分享，配图是为了更有说服力；二是以分享的姿态写文章，而非炫耀，

另外，这类文章的比重不要太大，因为我们的文章主要还是给客户与经销商看的。

做生意的人都喜欢看行业动态，所以，我们不妨分享一些与行业有关的动态，此类内容包括三个方面：

一是行业或者行业协会的动态，比如行业举办的活动，行业协会举办的活动等，都是一些官方活动。

二是内容一定是大媒体、权威媒体发布的信息，要保证动态的真实性。

三是尽量发一些与创新、展会有关的内容，切勿发一些个人活动或小道消息。

总之，行业动态一定要是权威机构发布的，且是积极的、正面的内容，如果把握不好尺度，不妨做一些行业创新与展会等内容，这些内容主要发布在自己的三个大本营里即可，若是行业干货则可以发到更多的地方。

不管是行业干货，还是行业新闻，在专栏博客等平台中，都要分类保存，以方便同行查看。

让个人IP收获行业资源，成为行业中转站

在努力做好内容，争取更多订单的同时，新媒体行业写作还能让我们认识更多的客户、经销商、同行，收获更多的行业资源，成为行业中转站。

我有一个好朋友，年纪较大，他在工厂做了二十年，组织活动很有经验，后来做了阿里，刚开始涉足网络营销，我便提议把当地做网络营销的人聚焦在一起。于是，他经常在阿里上发表文章，渐渐地认识了很多当地的朋友，他上门拜访每一个朋友，并建了一个群，每年年底都会组织聚会，每一次聚会都会比上一次聚会人多，几年过去了，现在这个群里已经有 100 多人了，依然每年都会聚会。

我的好朋友杨师兄很优秀，他有自己的商友圈，每年年底都会聚会，圈子里有不少人都做得不错，他们经常在线上线下交流，在收获的同时，也促进了自己的成长。

当初我给学员盘子定位的时候，她之前的名字是工控小盘子，因为她的行业属于工控。后来我根据她现在的实际情况，给她定位为 ABB 电机盘子，以 ABB 电机为切入点，最终成为了电机行业的中转站。不管是买电机、卖电机，还是代理电机，或者电机的大公司招电机代理，都会找她。

不管企业大小，一定是我们的付出得来的，新媒体行业写作让我们收获了很多资源，自然成为行业的中转站，帮助了更多的同行，也带动了行业的发展。

此外，不管我们的企业有多大，收获行业里的资源，成为行业中转战，一定是以个人 IP 的形式存在的，为什么呢?

首先，个人 IP 做的是情感交流，而不是端着我是行业老大的架子，或者我是某某企业的负责人，若是这样，很难进行沟通，大家以个人 IP 示人，为的是更好地进行情感交流，平等地交流。

其次，大家在一起，是为了更好地分享与收获，而不是按照企业大小排座次，大家平等地在一起，就不会有压力，聚会也好，交流也罢，都会很轻松。

最后，参与的人会有主人感，大家都是参与者，都站在同一个水平线上，彼此不存在地位上的尊卑，大家都是主人。

进入一个行业，都会有一个从不懂到懂的过程，在这个过程中，我们要以付出的心态去做，结识一些人，多学习一些知识，才能让我们收获更多的资源，成为行业的中转站。那么，为什么要收获资源，成为行业的中转站呢?

一是更好地服务客户与经销商，倘若客户碰到的问题，我们暂时还无法解决，就可以咨询群里的人，问题往往能很快得到解决。

二是大家可以更好地使用圈子里的资源，比如，有一笔大订单，自己消化不了，可以几个企业一起来生产。

三是借助圈子带领更多的同行成长，尤其是本地的圈子，大家平常可以经常见面交流，互相学习。

我有一个学员做网络技术，为企业服务，他发现很多企业的生产能力都很强，但不重视网络，便决定把公司搬到工业区，不是为了更好地帮助企业做网络技术，而是帮工业区的老板销售产品。因为之前有经验，一年的销量就可以达到一个多亿，以前工业区的很多企业都接不到订单，但现在有像他们一样专业的网络公司负责联系业务，企业只要专心生产即可，实现了双赢的可喜局面。

这个学员才是真的走进了行业，与产业带的人沟通交流，不仅让他懂得了很多行业知识，也获得了更多资源，成为了行业的中转站。

第94招

创新产品，带动经销商与行业发展

就个人而言，创新一个产品很难，但要是走进一个行业，借助行业的力量去创新，就不再是多么困难的事情，至少我们可以进行微创新。

PLC 放大板许立冲是个技术型人才，他自己生产放大板，经常琢磨创新的事，以前的 PLC 外壳都不是透明的，大家是看不到里面的东西的，他便进行了创新，做成了透明的，上市后非常受欢迎，从那以后，很多同行也开始做 PLC 透明外壳，渐渐地，整个市场逐渐变成了透明的 PLC 外壳，促进了行业的发展，改变了整个行业。

我的朋友在阿里上销售筷子，销量高居榜首，以前，他只销售普通的红木筷子，销量一般，后来，他对筷子进行创新，制作出了左手筷子、儿童筷子，还有青少年时期的学习筷子，都大受市场欢迎，销量大增。

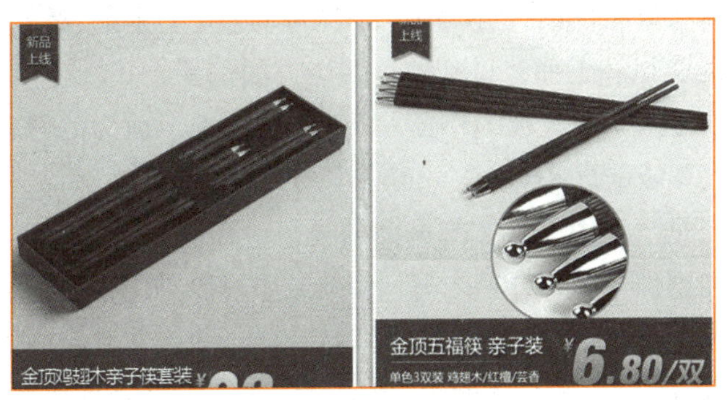

做任何行业都要创新，有创新才能更好地发展，比如，我们买一双筷子 10 元钱都觉得很贵，可国外经过创新的筷子，一双都要卖到上百块，两者的利润差距可想而知。

那么，新媒体行业写作该如何去创新呢？我们可以从以下四点去尝试：

1. 产品的形状

比如，我们常见的碗大多是口大底小，但对做陶瓷的德化人来说，碗的形状是多种多样的，一个普通工厂都能生产出几百种碗，就连包装都可以多达几十种，不同的季节，送给不同的对象，碗的选择都是有差别的。

2. 产品的功能与使用方法

比如椅子，最初椅子只满足普通大众的需求，不会考虑特殊群体，后来出现了儿童椅、老人椅等；杯子不只用来喝水，还具有观赏价值；文具袋可以变成零钱袋，用于收纳等，如此创新，市场一下子就做大了，销量也比以前要大得多。

3. 产品的材质

我们见到的杯子大多是陶瓷制成的，你见过木头雕刻的杯子吗？使用的中性笔、钢笔等大多是塑料材质制成的，很少见到木头做的，若还能在上面刻上字，在产品的材质和创意上进行创新，定会给消费者耳目一新的感觉。

4. 产品的效率

产品的效率包括生产效率与使用效率，生产效率高，竞争就有优势，那么，什么是使用效率呢？以前牙膏的口径很小，现在将牙膏的口径变大了，使用效率就提高了，还有一次性毛巾、睡衣等，都是在提高产品的使用效率。

创新，并不一定是研发全新的产品，这会有很大难度，但我们可以进行细节上的创新，有时仅仅一点改变，都能带动一个行业的发展。所以，大家要进行更多的尝试，上面我讲到的从四个方面创新，并没有花太大的成本，许立冲只是换了一下放大板的外壳，换了一种材料，就为他带来了很大的销量，小小的文具袋重新更改一下，市场也会变大。

创新一定是行业内的人才能办到的事情，在我们还没有成为行业专家，没有太多的经销商与客户订单之前，创新之事可以不用太过考虑，即便是有了一定的资本，可以进行创新了，也要选择微创新，并且先小批量生产，有了一定的客户与市场之后，才能大规模生产。

第95招

上台分享知识，带动行业里更多人成长

做好新媒体行业写作之后，我们要走出去见世面，还要争取上台，把我们的经验与知识分享给更多的人。阿里上有一个频道叫中小企业商学院，慧聪网上有一个频道叫慧聪商学院，我会鼓励那些做得好的学员，去申请这两个平台的讲师，护栏姐、盘子都是慧聪网的讲师，许立冲则是阿里商学院的讲师。

这里所说的上台，不单指舞台，还包括网络平台、电视采访，以及各种语音分享。以我自己为例，我在慧聪网上录制的一个系列课程，破了这个平台的纪录，浏览量非常大，还有福州电视台采访我，这些都可以成为我的素材，可以在很多地方使用。

为什么一定要上台分享呢？主要基于三点原因：

1. 上台分享有信任度，有高度，是最好的写作素材

我们去慧聪网分享，成为慧聪网的讲师，在阿里上成为阿里的讲师，电视台都来采访我们，我们分享的内容本身就已经是素材，而分享的经历也是很不错的素材，因为有大平台的信任背书，会让人对我们产生高大上之感。

2. 流量大，还能进行二次传播

在线下分享，受益的人有限，我们认识的人也有限，若在大会上分享，就能认识更多的人，要是能在慧聪、阿里这样的大平台上分享，认识我们的人就更多了，而且视频会一直保存在那里，大家觉得讲得好，还会进行二次传播，他们会把视频发给身边的人。

3. 认识更多的人，学习更多的知识

在阿里巴巴诚信通发布会上的分享，让我受益匪浅，之前，很少与微博的高层、阿里的高层、钉钉的高层同台，那次让我们有机会坐在一次，跟他们谈合作。在上台之前，我一次次地复习演讲稿，让阿里的人帮我指点，这次经历让我懂得了很多东西，包括如何发音，上台后需要注意的一些动作等，这些东西都会让我受益终生。

有机会走出去，有机会登台分享，会让我们收获很多，我认识不少上市公司的老板，有的是与他们同台分享时认识的，有的是我主动去认识的，总之，不要将自

己圈在一个自我的圈子里，不然你很难被人发现，也很难认识优秀的人。

那么，我们要上台分享，需要注意什么呢？我给大家三点建议：

首先，只有当我们自己做好之后，再去上台分享，自己都没做好，怎么会有说服力呢？被人邀请上台分享，肯定是因为我们有经验。

其次，多说干货，少说空话大话。有些人一上台就讲明年我要做什么，实现多大的目标，听众不喜欢听这些，他们喜欢听你分享过去自己实践过的方法与技巧，能给别人学以致用的东西。

最后，每一次分享都要争取做到最好，我在阿里诚信通发布会上分享的PPT，是我找专业人士修改的，服装、鞋子都是精心准备的，演讲的内容我在台下复习了很多遍。

每一次用心地努力，别人都能看得到，不要错过每一次努力的机会，我们才会有更多超越别人的可能。

第96招

在特定的区域里领先，带动大家共同成长

人生是有限的，每个人的精力也是有限的，不可能将所有想做的事情都做好，所以，我们要学会聚焦，在特定的区域里领先即可，比如在阿里生意频道做到最好，或在阿里搜索行业做到最好，或在百度排名做到最好等。

之前，我讲过初中同学因英语成绩差，购买单词机狠狠地背单词的故事，经过努力，他的成绩从倒数第一名一跃成为年级第一名，初中的时候就已经能够看懂高中乃至大学的英语课文，老师知道了他的学习秘诀后，就让全班同学都购买单词机背单词，很快他们班的英语成绩就上了一个大台阶，后来整个年级都学习我这个同学，带动了整个年级的学生，提高了整个年级的英语成绩。

连我同学自己都没想过，自己的一个进步带动了那么多人的成长，他自己则是进步最快的。我们进行新媒体行业写作也是如此，也会有一个逐步学

习的过程，从普通到优秀，成为行业的榜样，带动大家共同成长。

有人曾问过我：在特定区域里领先，是我们自己的成长，怎么会带动大家共同成长呢？

1. 我们脱颖而出之后，会有人关注到我们

当你不够强大时，是不会有人关注到你的，当你努力地写文章，传播行业知识，拥有了更多的客户与订单，占据了更大的市场时，自然就会有人来关注你。

2. 当我们变得优秀了，自然会有人向我们学习

谁都会向优秀者学习，当我们变得优秀了，自然就会有人向我们学习，模仿我们，按照我们的格式来做，不用担心竞争，因为我们已经打造出了自己的风格，已经占领了先机。

3. 大家在竞争中成长

每个行业都会有竞争，我们应该拥抱这样的竞争，只有形成你追我赶的势头，才能激发我们的斗志，最大限度地发挥出我们的能力。

在互联网时代，商业秘密越来越少，大家都会相互学习模仿，所以，不用担心分享出来，会给自己带来不利，能够分享，说明我们已经居高临下，远远超越了竞争对手，那么，如何才能在特定区域里做到领先呢？

第一步，每次都争取做到最好。我们自己就是行业的代言，打好基础，每次都努力做到最好，就会有很多胜出的机会。

第二步，做好之后再进行分享。进入一个行业之初，我们还是一个小白，即便是分享，也是人微言轻，所以，一定要做好之后再进行分享，分享会让我们快乐，会让我们有所收获。

第三步，争取更新更好的方法。时代在变，网络平台上有很多区域，我们将某个点做到最好之后，再去做更多的点。

在行业里脱颖而出是第一步，接下来我们还要继续分享更多的干货，让更多的客户喜欢上我们，同时也能促进自我成长，让我们变得越发的优秀，从而形成一个良性的循环。

第97招

创新行业知识，提升销量，实现良性循环

学习没有止境，你走得越远，越会发现这个世界上要学习的东西太多太多了，成为行业专家后，我们还要去创新，创新行业知识，驱动行业向前。

一个行业里会有很多值得我们去学习的东西，不过，我建议大家要格外重视能提升销量的行业知识创新，为什么呢?

1. 只有将产品销售出去，企业才会有利润

企业的利润从销售中来，可能有人会说融资也可以啊！但是融资成功后，即使估值上去了，依然要回到产品销售中来，因此，在所有的创新内容中，销售知识的创新最为重要，这其中又包括产品和渠道等多个环节。

2. 有了销量，企业才能发展，产品才能创造价值

将产品销售出去，提高产品的销量，企业才会有机会发展，才会有研发经费搞创新，才会促进行业知识的进一步更新。如果产品积压在仓库里，没有人要，就没法创造价值，所以，我们要想办法提高产品的销量，有了销量，有了利润，企业才能发展得更好。

3. 以产品的销量为参考，创新才会更有价值

我们要经常思考什么样的产品才会有更好的市场，才能接到更多的订单，如果哪款产品销售得好，我们就可以在这款产品上多下工夫，多去创新，引领最新行业知识制高点，生意才会越做越大。

唯创新者赢，唯改革者胜，只有瞄准行业的最新知识进行创新，才能促进产品的销量提升，提高企业的资金运作能力，形成科研投入的高投入、高回报，实现全方位的良性循环。

第98招

产业升级要跟得上时代

我们经常会听到“产业升级”这个词，新的技术产生可以带动传统产业的升级，传统产业升级又可以促进技术的更新，两者相辅相成。

产业升级就是使产品附加值提高的生产要素改进、结构改变、生产效率与产品质量提高、产业链升级；产业升级的目的是提高产品的附加值，从以前的马车时代到汽车时代，这就是产业升级。

在互联网时代，传统企业要更好地拥抱与应用互联网，完成企业的升级与转型。我有一个朋友之前生产纸质的笔记本，利润比较薄，因为很多厂家都能生产，他一直在思考该如何提升产品的价值，后来他研究出了不同行业的手账本，先找优秀的人来设计，然后注册专利，利润与价值都大大增加了。

德化的不少企业都是自己研发，自己设计，普通的杯子谁都能生产，我们能不能做出保温杯子，苹果可以无限充电，我们的陶瓷杯子是不是可以靠近一个地方，就能自动保温呢？当我们将这些技术研发出来之后，就要注册技术专利。

作为一名新媒体行业写作者，我们本身就重视销售，但产业升级也很重要，因为我们创新出的产品有可能成为爆款，带动客户、经销商，甚至是整个行业的发展。那么，我们该如何看待产业升级，如何去做呢？

1. 提升产品价值

以一本纸质笔记本为例，普通笔记本只能卖 2 元，要卖到 20 元，肯定要提升产品价值，可以改变材料，使做工更精细，或者创造出新的价值，如适合家庭主妇的日记本，适合保姆、老师的日记本，有了更多的价值，产品价格就提高了。

2. 应用最新技术

不管是互联网，还是现在的人工智能，国家一直在主推技术创新，科技

是第一生产力，我们整个行业也要跟上时代的步伐，应用最新技术，这才能创造更多价值，占有更大的市场，引领消费。

3. 重视专利商标与版权

过去人们都不太重视专利商标与版权，一款杯子卖得很好，大家都来模仿，一起抢占市场，如果重视专利商标与版权，就不会出现这种情况了，爆款也是别人的，我们只能研究更好的产品。

4. 不一定非要做主角，可以做配角

我们不一定要开工厂，有技术可以找人生产，我们也不一定要研究技术，也可以找人来研究，或与人合作。值得一提的是，研究最新技术要注册保护。这样这个技术我们才可以一直用。

5. 注重环保

不管是产品生产，还是产品使用，受益的是我们自己，比如研究出无磷洗衣粉，衣服在洗干净的同时，也让我们更加健康，环境也会变好，消费升级之后，大家也会更加注重健康和环保。

6. 注重品牌与营销

产品一定要到达消费者的手中才能给企业与社会创造价值，才能带领整个市场的发展，一个企业要生存，要重视研发，进行产业升级，而这需要利润做支撑，利润来自哪里，从销售中来，要把销售做好，就要注重品牌与营销。

有一个朋友生产内衣，从创业第一天开始，他们就规定，要应用技术的力量，只做最新的、最有价值的内衣。如今，很多世界上知名品牌的内衣企业都找他们代工，产业升级，大家都会收益。

第十一章

让新媒体行业写作与传播成为一种商业习惯

第99招

进入一个行业，就要为行业发展锦上添花

进入一个行业，就要想着为行业的发展锦上添花，这也是我们新媒体行业写作者的追求。

拖拖姐有自己的工厂，生产销售棉胶头、仿鹿皮巾，定位为生产高质量的棉胶头、仿鹿皮巾，因为质量好，吸引了不少做外贸的客户，做外贸单一定要进行产品的检测，很多同行的工厂检测都通过不了，而拖拖姐的工厂不怕检测，深受各方信赖。

产品质量好，售后服务也会轻松，工厂的运营更加稳定，经销商能顺利获得利润，消费者能享受到更好的产品，对于整个行业来说都是有好处的。

还有按摩椅哥，很早就使用手机 APP 管理企业，在一款产品成为爆款之后，不仅公司的发展日新月异，而且还推动了整个行业的发展。作为一名新媒体行业写作者，我们的努力方向也是为行业锦上添花，这是为什么呢？

1. 说明我们的大方向是对的

进入一个行业，会有很多方向上的选择，确立了努力方向是为行业锦上添花之后，我们就不会想着做更低价的产品，打价格战，会将心思放在研究更有价值的产品上，去创新，去研究新技术，这会推动行业向前发展，让行业产品更有价值。

2. 增加更多脱颖而出的机会

有的企业会采取低价占领市场的策略，价格低，又要盈利，自然会在产品质量上打折扣，从长远角度看，这对消费者、对行业发展都是不利的，如果利润再薄，企业就无法良性循环，自然也就无法在行业中脱颖而出了。

每次参加展会，不管是行业展会，还是销售型的展会，特别是科技型展会，能让我们惊叹的一定是那些黑科技，能让我们感受到欣喜的一定是新型的产品。

创新给人们带来了更多的便利，带动了价值升级、产业升级，作为一名新媒体行业写作者，该如何为行业锦上添花呢？

一是我们要成为行业专家，从最初的对行业知识的一知半解到成为行业专家，这个过程会走得很艰辛，却是必须要走的一条路，成为行业专家，要做好三个方面：做好行业内容，拥有更多订单，拥有更多客户，大家应该从这三个方面努力。

二是丰富行业知识。每个行业里都会有许多知识点，我们不仅要了解现有的知识点，还要去创造、传播新的知识。

三是创造更高的附加值产品，带动企业、经销商、行业的进步，但要做到这一点，必须是我们已经做得很好，有了一定的成就与余力，才能去研发高附加值的产品。

新媒体行业写作难的是坚持，将坚持变为习惯，我们才会越走越远。

第100招 让学习成为习惯

上学的时候，如何知道我们掌握了学过的知识点，检验学习成果呢？考试是最常见的手段。要想考好，就必须尽可能地将知识点学得更好。其实，新媒体行业写作也与学习有相似之处，当我们不断地输入内容时，就需要不断地去学习，否则知识就会枯竭，就很难写出高质量的文章。

我有一个学员，帮老公做销售，不了解产品，也不想去了解，后来因为写作的需要，必须要了解产品、懂产品，只能去学习，看专业图书或在互联网上学习，抑或者同工厂师傅交流，不知不觉很多产品知识就掌握了，并将其写成文章，这种变化是非常大的。

新媒体行业写作就如同上学时的考试，为了考好成绩，必须努力学习，为了写好文章，就必须去学习，而且这种学习永远没有止境，因为我们需要不断地输出内容，不断地输出内容为什么会促进学习呢？

1. 我们的目标决定了必须要学习

我们的目标是成为行业专家，要实现这个目标，唯有不停地学习，如果只是单纯地写作，记录生活，记录每天发生的事情，我们往往不会刻意地去学习，尤其是专业知识的学习。

2. 我们的定位决定了必须要学习

我们定位是丰富行业知识，比如，产品如何发货，如何包装等，要回答这些问题，我们必须要找答案，然后写成文章，寻找答案的过程就是学习的过程。

3. 要成为行业的佼佼者必须学习

作为一名新媒体行业写作者，要想成为行业佼佼者，首先要在内容上胜出，这种胜出不只是一个平台，最好是多个平台，而且是流量大、质量好的大平台。

我们的目标、定位，都会促使我们不停地学习，在学习的过程中，我们要把握好三点：

第一，把写作放在第一位。如果你看了十本书，只写出一篇文章，这样的效率很难在我们行业里脱颖而出，所以，平时一有空就要写文章，并将写文章变成一种习惯，每天在固定的时间写。

第二，文字一定要原创，并聚焦行业

原创的文章才有价值，我们从书上看到的内容要用自己的话表述出来，这是将知识内化的过程，聚焦行业就是写与我们的行业有关的内容，这才称得上是真正的新媒体行业写作。

第三，多写文章，且文章质量要好。

什么是好文章，没有统一的标准，总之就是越写质量越高。也许一开始我们只能写一篇300字的文章，经过半年的学习后，能够写到800字了，而且句子更加通顺，图片更美了，在保证质量的前提下，我们要尽可能地多写文章。

学习与写作是相辅相成的关系，学习得越多，才会越有得写，写得越多，越需要不断地学习，两者是相互促进的。

每天在固定的时间点写作和发布文章

新媒体行业写作贵在坚持，怎样才能坚持下去呢？就是把新媒体行业写作当成一种习惯，每天在固定的时间点写作，在固定的时间点发布文章，就像我们每天早晨起床会立马刷牙洗脸一样，让坚持变得自然。

朋友以前每天早上 7 点起床，学习了新媒体行业写作之后，每天早一个小时起床，用一个小时写好文章，然后再去煮饭，照顾孩子，出门上班，坚持了 4 年，写了近 1000 篇文章，出版了两本图书，事业、生活因为文字而步步提升。

另外一个朋友，他的习惯是睡前写文章，每天睡前写 1500 字再睡觉，不管今天发生了什么事情，写文章这件事雷打不动地坚持，即使出去办事，回家已经是夜里三点了，依然要写完 1500 字再睡，这个习惯已经坚持了三年，通过写作带给他的收入是工作的好几倍。

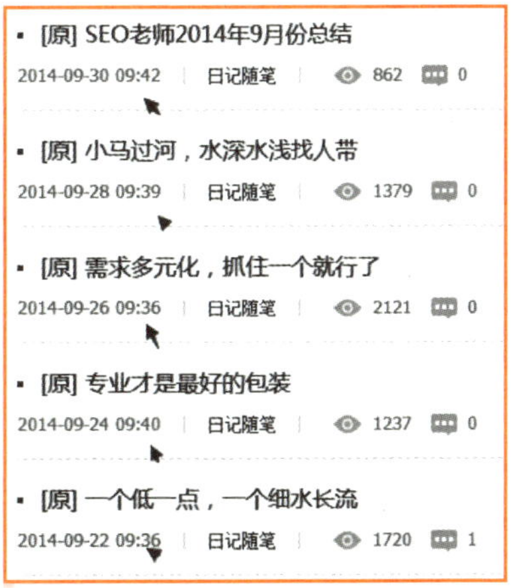

我这两个朋友，一个是在固定的时间坚持写作，一个将写作当成睡前必须要完成的任务，这两种方式都很好，大家可以根据自己的生活习惯，选择任何一种写作方式。那么，为什么要在固定的时间发布文章呢？

- [原] SEO老师2014年9月份总结
  2014-09-30 09:42 | 日记随笔 | 862 | 0
- [原] 小马过河，水深水浅找人带
  2014-09-28 09:39 | 日记随笔 | 1379 | 0
- [原] 需求多元化，抓住一个就行了
  2014-09-26 09:36 | 日记随笔 | 2121 | 0
- [原] 专业才是最好的包装
  2014-09-24 09:40 | 日记随笔 | 1237 | 0
- [原] 一个低一点，一个细水长流
  2014-09-22 09:36 | 日记随笔 | 1720 | 1

1. 会在脑子、时间中形成固定的记忆

我每周发文章的时间为周一、周三、周五，到了这个时间点，我就会发文章，这个习惯我已经坚持了很久，现在到时候不发文章都不习惯，就像每天早晨六点钟起床一样，即使有一天想多睡一会儿，都睡不着，会准时起来，因为脑子里已经形成了固定记忆，到了时间，身体就会提醒我们该做什么事情了。

2. 别人会提醒、督促我们

我在阿里上每周发三篇文章，每次都是在早晨 9 点前发文，有时因停电无法按时发文章，就会有很多人给我留言：老师，您的文章还没发呢？为了不辜负粉丝的期待，我甚至好几次跑到网吧去发文。我们养成按时发文的习惯，其实也是在培养网友的阅读习惯，所以，哪一天没有发文，就会有网友提醒。

3. 循环向前，不断积累

固定时间写文章、发文章，形成一个循环，渐渐形成自己的风格，这就是一种积累，当积累到一定的程度时，我们会更加有力量，不会轻易放弃，

即使我们自己也无法说服自己放弃。

每天都在固定的时间写作，虽然花不了太多时间，但时间长了，这就是一笔不小的财富，或许他比你上班的收入都要高。另外，提醒大家一点，在固定时间写作、发布文章，应注意以下三点：

一是留出充足的时间写文章、发布文章。比如，写作需要 30 分钟，那么我们要给自己留出 45 分钟的时间，时间不要太紧张，发文章也是如此，可以定在每天早晨 9 点到 9 点半。

二是不管能不能写出来，都要逼着自己去写。有的人写不出文章，就想我看看书吧，时间很快就过去了，很多时候我们不是写不了，而是内心抗拒，所以，一定要逼着自己去写。

三是没有写文章，也要把没写的原因发布出来。比如，今天和朋友去喝酒，喝醉了，写不出文章，但到了发文章的时间依然要发，就发为什么没有写。

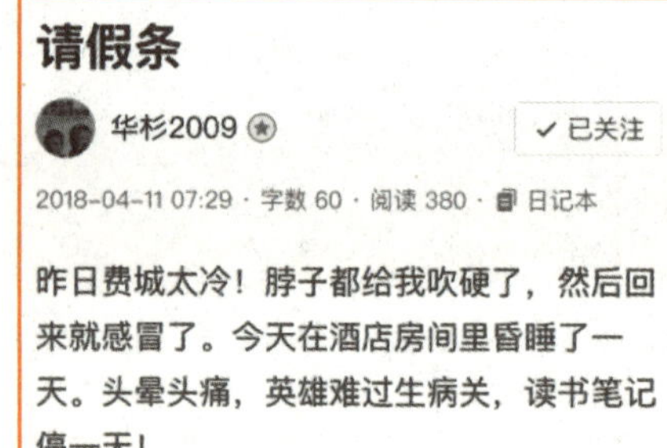

请假条

华杉2009　✓ 已关注

2018-04-11 07:29 · 字数 60 · 阅读 380 · 日记本

昨日费城太冷！脖子都给我吹硬了，然后回来就感冒了。今天在酒店房间里昏睡了一天。头晕头痛，英雄难过生病关，读书笔记停一天！

著名的营销策划公司华与华的老板华杉每天都会写一篇读书笔记，从每天早上 5 点写到 7 点，然后正常上班。生病了，没有写，也会写请假条。

按固定时间发文章主要是发在三个大本营，其他平台我们可以一次性发文，或者跟大本营发文的时间一致，抑或者另选时间发文。

第102招 写作库存能确保习惯更好保持

写心情感悟的人可能很少听说“写作库存”这个词，他们写东西往往很随意，想写就写，没感觉就不写，但写小说、做新媒体行业写作是不可以这样的，必须要有写作库存。

我有一个朋友写小说，每天都要写 1 万字，不管是过年还是休假，他的写作库存至少有 10 万字，尤其是在有了家庭、有了孩子之后，他的写作库存更是准备得十分充分，每天写 1 万多字，每天更新，读者每天定时读他的小说，平台还会有奖励。

另外一个朋友，每天从早晨 5 点写到 7 点，即使工作忙，这个习惯也雷打不动地坚持，因为他是老板，平时会有一些应酬，为了防止第二天起不来，写不了文章，他就提前写好，做好写作库存，通常他会库存 5 篇，这样一来，即使出差，也能保证每天发文章，这个习惯他已经坚持了很多年，已经出版了不少的图书。

与朋友比起来，我没有他们那么勤奋，一般只会准备三篇存库，之前，工作不忙时，一个星期会准备六篇，相当于两个星期的发文数量。总的来说，准备写作库存有四点益处：

1. 生活中总有意外，准备写作库存能确保每天发文

生活中总会有意外，比如生病了，停电了，或者状态不好写不出来，如果我们有库存文章，就能保证每天发文，我有一个朋友就连生孩子那天都在发文章，因为她有库存文章。

2. 想写、有灵感的时候可以多写一些

周末，看了两本书，很有感触，或者出去与人聊天，学到了很多东西，我们都可以将这些内容写下来，我提倡在固定时间写作，并不意味着在其他时间就不去写，有灵感、时间充足，可以多写一些，存好。

3. 让我们有更多安全感

家里有粮心不慌，就像出门带伞，不管是阴天还是晴天，我们都不用担心，多写些文章备着，说不定哪天就会用上。

4. 迫使我们更好地坚持

如果哪一天没有写文章，人就会不由得变懒，第二天依然不想写，就会三天打鱼两天晒网，很难持之以恒，如果有库存的文章，就可以让我们把习惯坚持下去。

写作库存不一定是写好的文章，也可以是准备好的写作材料、写作思路，就像是半成品，这样我们在写稿子的时候，就会很快，写作库存可以从以下三个方面来准备：

一是素材的库存，写文章需要素材，有时我们没有灵感或感觉没有素材，有了素材库存，就像有配件，直接拿出来挑选使用即可。

二是标题的库存，有时我们会想到很好的标题，可以先把它写下来，下次写文章可以直接使用，或者模仿这个标题，写作的速度也会很快。

三是文章的库存，这一点最重要，有灵感、有空的时候就多写一些，库存一定不能低于既定的库存量。

做好写作库存，可以让我们有更多的时间收集、学习知识，也能让我们的写作更好地坚持下去。

第103招

签到表格，每天为自己打卡

我的很多学员都会使用签到表格，我会鼓励他们这样做，自己为自己打卡，效果很好，很多人都坚持了下来。

我有一个小学同学，特别爱忘事，不是忘记带书，就是忘记带笔，忘记写作业也是常有的事情，他的妈妈很头疼，给他吃了很多补充记忆的药，但效果依然不好，后来他的父亲想到了一个办法，给他买了一个笔记本，需要做什么事情都记在这个本子上。后来，学习越来越紧张，作业越来越多，我们常常记不住老师布置的作业，需要去问他，据我了解，他现在还在用记事本，走到哪里都带着一个本子。

上小学时，我去一个亲戚家玩，亲戚家的孩子很开心地带我去看贴满墙壁的小红花，她告诉我，每次考第一名，或者被老师表扬了，妈妈都会为她在墙上贴一朵小红花，我才明白原来她从小就很优秀。

举这两个例子，其实用到的都是签到思路，自己为自己打卡，会做成很多事情。如今，记性不好的那个同学每天都给自己定目标，学习认真，大一就考过了英语六级，考上了研究生，已经是公司的高层了；而我亲戚家的孩子自己创业，也是一个成功的企业家了。

同理，我们也可以把这种签到思路用到新媒体行业写作中来，每天打卡鼓励自己，这样做为什么有效呢？

1. 人都有保持完美的心理

我们都希望把一件事做完美，不希望半途而废，看看自己坚持了那么久，突然有一天不坚持记录了，心里就会很不舒服，想想还是坚持下去吧。

2. 追求成就感

就像玩游戏，玩过了五级，想着过六级，到了十级，又想十一级，欲望、追求永远没有止境，我们坚持记录也一样，坚持做一件事会让人很有成就感。

3. 随时监督、提醒自己

每天打卡就像上班不能早退迟到一样，这张卡可以起到监督员的作用，随时监督、提醒我们。

陈志红2018年1月

时间1月					why not
1月1日					
1月2日					
1月3日					
1月4日					
1月5日					
1月6日					
1月7日					
1月8日					
1月9日					
1月10日					
1月11日					
1月12日					
1月13日					

如果你做一件事情已经坚持了很久，就不需要用表格了，如果你才开始做一件全新的事情，或者你的意志力不够，那不妨尝试一下签到表格，我的学员的签到表格比较简单。

买一张年历，注意，不是一本年历，一整年都在一张纸上，方便对比。也可以自己做月表格或年表格，用最简单的Excel最好，速度快，在上面写上主题与日期，留出做记号的地方。做好签到表格后，把它放在最显眼的地方，一睁眼就能看到，比如把它贴在墙上。当天完成的就打钩，没完成就打叉。

做签到表格能督促我们坚持，也能让我们有成就感，当坚持做一件事变成习惯后，坚持就不再是困难、痛苦的事情了。

第104招

打造个人IP，链接资源，不断积累

人要不断地反思、总结过去，比如，我们写了100篇文章，写了300篇文章，回想一下写了这么长时间，我们收获了什么？我们要经常回顾与盘点，让自己的梦想、目标、大方向更加清晰。

我与学员们刚认识的时候，有的刚大学毕业，有的刚创业，有的还没有找到方向，现在多年过去了，大家都快速地成长起来了，有的有了自己的工厂，有的成了公司高管，这一切都是积累的过程，做任何事情都不是一蹴而就的，每个璀璨时刻都是一点点积累、一步步努力的结果。

如果我们的新媒体行业写作能坚持多年，积累的就不仅是文字的数量，还会有很多成就，比如，成为行业专家，丰富了行业知识，推动了行业的发展，结识了很多志同道合的人。提醒大家一点，新媒体行业写作不能只顾着闷头写，要多走出去，以个人IP的形式去链接资源，不断地积累资源。

1. 无论是个人还是企业，都要做到随时积累

我们要思考：为什么别人能做那么好，能把企业做那么大，能有那么多人脉，其实这都是积累的结果，有的是几代人的积累，技术代代相传，又不断创新。我们生意不好，也没有客户，是因为缺少这样一个积累的过程。

2. 有了积累，企业、个人才能一直成长

任何人要做好一件事，都缺少不了前期的积累，水滴石穿，积少成多，这就是积累的力量，一点一滴地积累，企业就会慢慢做大了。

我经常与我的学员聊天，发现他们有很多经历，有起有落也有压力，但他们都在努力向前，不管过去是成功的还是失败的，对他们来说都是一种重要的积累，有了这样的积累，才会让他们不断改进技术，改善营销方法，壮

大自己。

新媒体行业写作也需要链接资源，做好积累，主要包括三个方面：一是个人专家的积累，主要是指行业内容、订单、客户三大方面，做好这三个方面，能让我们提高销量，有了销量才会有利润，才能让我们做得更好。

二是资源的积累，包括客户、经销商、同行、厂家，以及稀缺资源（如公司名、商标、域名等）。

三是品牌与技术的积累，品牌包括个人品牌与公司品牌，技术包括营销技术、管理技术、研发技术专利、产业升级等。

从开始新媒体行业写作起，我们就不是单纯为了写而写，我们要做的是走出去，不断地积累，争取做到最好，积累会让我们越来越优秀，机会也越来越多。

第105招

寻找更好的企业合作，写作的过程就是在创造价值

刚接触一个行业时，我们不清楚这个行业里哪个企业更好，所以，需要慢慢地去寻找更好的企业合作。

我有一个朋友做陶瓷生意，起初自己没有工厂，只能找一家规模较小的工厂合作，通过新媒体行业写作，为企业接订单，订单大小不一，渐渐地，会有大的企业上门咨询，订单量上来后，他便要求一定的起订量。后来，他接下了可口可乐的订单，打出了品牌，越来越多的大企业主动来找他。从与小企业合作到与大企业合作，这就是一个积累的过程。一开始，有客户看厂觉得工厂太小，不愿意合作，后来有大企业帮忙代工，成交也就更加容易。

所以，不管是合作的厂家，还是客户，刚开始的时候都不要嫌弃企业小，因为我们自身也很弱，等我们进步了，自然会有大的客户上门。

我们与客户、经销商是一种同行关系，我们进步了，随之也会有好的客户与经销商。我们为什么要不断地寻找更好的企业合作呢？

首先，刚开始的时候，我们只是个配角，做不了主角，只能与小工厂合作，我常对我的学员说，在你不够强大时，不要嫌弃工厂小，在与小工厂合作的同时，我们可以去寻找更多的同行，如果小工厂完成不了订单，可以给其他同行做，只要我们坚持写作，就会有更多更大的订单。

其次，当有大的订单时，我们要追求质量与效率，追求品牌，大的工厂也会来找我们。当我们有很多客户时，其中肯定有的订单很大，小工厂不能满足生产的需求，就只能与大的工厂合作，其好处是大工厂的流程严格、效率高，证件技术都很齐全，客户看厂的转化率也会很高。

另外，客户的企业为什么也要寻求更好的合作企业呢？道理是一样的，一开始即使小的订单，哪怕是定制也要接，肯定会很辛苦，这个做5个，那个做10个，无法形成规模，赚的利润也很少，但这是我们成长必须要经历的过程。

可当我们的品牌做大了，客户很多了，就可以选单来做，可以要求起订量，比如，起订量要达到1万件，这样流水线效率才会高，我们也可以选择付全款的客户或大客户。与大企业合作后，我们的工厂效益会更好，也会吸引更大的企业来合作。

如果我们自己有工厂，自己工厂做即可，没有工厂的学员，我建议赚到100万元以后再进货自己做，赚到300万元以后再开工厂，开工厂不是一件容易的事情，经验、技术、客户，都要有一个前期积累的过程。当然，也可以选择做配角，只做销售，由他人来生产。

新媒体行业写作要产生利润，因为利润代表着正确的方向，也是我们的追求，没有利润，说明环节有问题，需要调整；另外，有利润能让我们更好地坚持下去；再有，有利润也会让我们更加集中精力去做事，不用分心去考虑如何盈利。

总之，与大企业合作会赚更多的利润，有了更多的利润，可以与更大的企业合作。

第106招

做好一个细分后，逐渐扩充产品线

一开始进行新媒体行业写作，我们的产品很少，甚至只有一种产品，待我们能力提高了，有了一定的积累，才可以扩充产品线，这是个人IP、企业成长的路径。

一次，我与朋友筷子聊天时，他提到自己一开始只做成人的红木筷子，用了一年的时间做到了阿里的第一名。但他认为市场还很大，同行也很努力，便开始思考如何增加产品线，他现在不仅有筷子，还有勺子和菜板，仅仅是筷子这个产品，就有很多细分，如礼品筷、儿童筷、学习筷、状元筷、老人筷。总的来说，还是普通筷子的销量最好。

灯姐，以前只做小夜灯，渐渐地开始增加产品，有了感应灯、壁灯、橱柜灯，去年她不经意间上了一款朋友的门铃，没想到成了爆款。另外，拖拖姐之前只做棉胶头，现在增加了仿鹿皮巾。

1、**小夜灯系列：** LED灯 人体感应灯 橱柜灯 触摸灯 太阳能灯 壁灯 马桶灯 卧室灯 壁灯 床头灯 震动灯 应急灯 阅读灯 室内灯 遥控灯 灯带 充电灯 电池灯等

2、**人体感应系列：** 红外感应小夜灯 光控感应小夜灯 楼道感应灯 床底感应灯带

3、**橱柜灯系列：** 红外探测感应橱柜衣柜灯 触摸感应条形灯 震动感应橱柜衣柜灯

4、**触摸灯系列：** 触摸条形灯 触摸无极灯 触摸橱柜灯 触摸书柜灯 触摸无极调光灯

5、**壁灯系列：** 床头壁灯 楼道壁灯 卧室壁灯 厨房壁灯 遥控灯 感应壁灯

6、**震动灯系列：** 震动橱柜灯 震动书柜灯 震动抽屉灯 震动小夜灯 震动保险灯

7、**电池灯系列：** 电池橱柜灯 电池触摸灯 电池感应灯 电池卧室灯 电池壁灯 电池马桶灯

8、**充电灯系列：** 充电楼道灯 充电房间灯 充电喂奶灯 充电起夜灯 充电壁灯 充电感应灯

朋友筷子、灯姐、拖拖姐，他们都有一个共同点，在企业做大、一个产品细分做好之后，才会渐渐地扩充产品线，为什么要这样做呢？

1. 带来更大的销售额

我们原本销售筷子，同时也可以销售菜板，客户购买筷子时，也可以买

菜板，经销商也想进一些货，两种产品一起卖。

2. 更好地满足用户需求

比如，我们去买衣服，总是希望能买一套，裤子、鞋子、上衣相搭配，同样，我们将筷子与菜板一起卖，客户也能一站式采购齐全。

3. 提高订单效率

本来我们只卖一种油漆，但装修往往会需要多种油漆，还会需要多种瓷砖，我们在关注大品类的同时，也要备齐小品类，让客户有的选择，成单的速度才更快，销量才更大。

4. 更好地做品牌

品牌是做出来的，但需要销售去带动，因为有更多订单，才会有更多传播的机会，才会做大市场，成就品牌。

5. 更好地更新换代

有些产品肯定会渐渐退出市场，所以，我们需要增加产品线，引进新的产品，新产品也有可能成为主打产品，这样我们就跟上了市场方向，不会被淘汰掉。

扩充产品线，对于 B 类生意来说，很正常，因为我们经营的是用户，做 C 类生意同样如此。我有一个做零售的朋友，他只做紫色的产品，包括裤子、鞋子、桌布、衣柜、相框、椅子，一直做得很好，因为他满足了用户的需求，而且产品聚焦，渐渐创造出了品牌。

我们在增加产品线时，要注意四点：

一是先做好一个细分。这个过程的重要意义在于积累，同时也是测试的过程，如果一个产品都没有做好，很难做好第二个，所以，我们常常需要花费一两年的时间，努力先把一个产品、一个细分做好，并积累客户。

产品分类
仿搪瓷杯系列
调味碟
陶瓷杯子 >
居家厨房
陶瓷香薰灯 >
陶瓷台灯 >
陶瓷茶具 >
花盆/花插
查看所有分类 >
¥9.50
早餐牛奶杯
白杯定制专区
咖啡杯
卡通杯
泡茶杯
配件/勺子/盖子
定制案例专区

二是新产品一定要与原来的产品属性相同，这样可以满足原来客户的需求，还能实现聚焦，方便品牌的传播。

三是新产品要有市场优势，这样转化率才会高，我们后续还会有新产品，也为新产品创造了优势。

四是能为原来的产品加分，一定是能加

分的产品，而不是减分的产品，这样我们的生意才会更好，才能更好地满足客户的需求。

新媒体行业写作之初，要做好一个很小的细分，然后才能慢慢增加产品线，选择产品时一定要用心，否则有可能功亏一篑。

第107招 做好新媒体行业写作，也要做好销售

我从大学开始写文章，一路走来认识了很多写作的人，写各种题材的都有，坚持最久的有两类人：一类是对写作有兴趣的人，无关生存；一类是我的学员们，也是写作最努力的一群人，因为我们写作是为了更好的销售，做好生意。

晚上12点，有一个学员的旺旺还在亮着，问他为什么不休息，回答说写完一篇文章就休息，第二天一早，他已经将文章发出来了，这样的日子不是一天两天，而是一年半载，甚至更长时间。

或许他们的文笔不是最好的，文章的主角也只有他们自己，但里面讲的有关奋斗、有关客户的故事，就是让人喜欢看，特别是看到他们成交了一个大订单，与一个大客户合作了，字里行间透露出来的喜悦，真的很让人感动，这样的文章百看不厌，因为每一篇文章都有价值。

我一直告诉我的学员，要打造品牌，因为品牌能一直积累，才能让传播速度更快、更简单，然而，品牌又与销售相辅相成。只有当我们的销量很大时，才说明这个品牌的方向是正确的，而且传播品牌的对象不仅是用户，还有客户，叠加在一起，效率才会更高。

做好新媒体行业写作，也要做好销售，为什么呢？

1. 在做好新媒体行业写作的同时，做好销售才有利润

为什么很多人无法坚持做一件事，因为没有利润，没有利润生活都很难，怎么去坚持呢？所以，要做有利润的事情。我们在做好新媒体行业写作的同

时，做好销售，这样利润上来了，写作就能坚持得更久。

2. 在做好新媒体行业写作的同时，做好销售才能有销量

行业专家的标配是行业内容 + 订单 + 客户，学习可以促进新媒体行业写作，订单与客户则能促进销量，有了销量，也就有了订单、客户、市场。

3. 在做好新媒体行业写作的同时，做好销售才能有更好的素材

新媒体行业写作的素材与其他写作素材不同，最好的素材都来自客户，来自市场，来自行业中的专业知识，这样才能最感人，最有信任度与传播度。

我上大学的时候就开始创业，感触最深的就是销售真的能锻炼人，因为你要懂产品，懂心理学，你要面对各种各样的客户和情况，而且你还需要比任何人都努力，才能做得比别人好。

那么，作为一名新媒体行业写作者，如何才能更好地做好销售呢？首先确认行业，找好产品，再写作，这个方向不能弄反了；其次，写作要为销售服务，写作的过程中要一直想着为了销售而写，才能传递产品信息，有助于销售产品；最后一点，不忘初心，我们要成为行业专家，就要在行业内容、订单、客户三个方面下工夫，这样才能让我们在行业中脱颖而出，成为行业领导者。

做有兴趣的事情，而且有兴趣的事情又与我们的工作紧密联系在一起时，那就是最幸福的事情，新媒体行业写作就是如此，做好新媒体行业写作，做好销售，不断积累，就能成就一辈子的事业。

第108招

让新媒体行业写作与传播成为一生的好习惯

好的习惯能影响人的一生，有的人每天都会看书，有的人每天都会弹琴，作为从事新媒体行业写作的人来说，也要让写作与传播成为一生的好习惯。

朋友从小就喜欢画画，但她爸爸觉得读书最重要，不让她学画画，大学毕业后，一次偶然的机会，她又萌发了要学画画的想法，她画了一幅画，拍成照片，发到了朋友圈，获赞无数，还有人给她提出了好的建议。从那以后，

她每天都画一张画，然后发到网络上的各种平台，一年以后，开始有人出价买她的画，现在她之前画的画都以不菲的价格卖出去了。不仅如此，还有人愿意付费让她教画画，从画第一张画开始，她的生活就在悄悄地发生变化，事业也开始萌芽、成长。

我有一个初中同学，读初二的时候，体检发现视力下降了，因为他喜欢玩游戏，他问医生该怎么办，医生告诉他睡前、起床前都要做眼保健操，这个好习惯他保持到现在，如今已经博士毕业，视力还很好，不用戴近视镜。

当你们看到我这两个朋友的变化是不是很吃惊呢？为什么人家那么优秀，爱玩游戏还能不近视？因为他们都养成了一个好习惯，好习惯影响了他们，成就了他们的一生。那么，新媒体行业写作者为什么也要养成习惯呢？

因为养成习惯后，我们每天都会写作，这是一种积累，就像爬山，每多爬一步，就向上一点；就像小树苗，每天都在吸收阳光水分，一直在成长；而且不只是我们自己在成长，我们的事业、生意、技术与方法，都在成长。树苗长成了参天大树，就是一道亮丽的风景线，我们也是如此，当我们变得强大时，人生就会有更多的机会。我们每天都在书写，都在传播，肯定会遇到很多机会，而且这些机会有时会主动来找我们。

不同的习惯获得的收获亦不同，如我们养成每天写作与传播的习惯，不管是哪个行业，向着我们的定位与目标努力，丰富行业知识，成为行业专家、行业领导者，那么，我们的目标与梦想就会离我们越来越近。

让写作与传播成为我们一生的好习惯，需要注意三点：

一是让坚持成为一种习惯，很多人都会写文章，但能将写文章当成一种习惯的人不多，这不仅需要坚持写作，还要多学习，多走出去，深入行业。

二是让销售成为一种习惯，可能一开始大家不习惯把写作与销售联系在一起，但我们要克服心理的障碍，学会在销售中链接资源，在销售中成长。

三是一定要聚焦一个行业，知识无限，人生有涯，选择一个行业，就一定要聚焦这个行业，才能让用户有所收获，让客户满意，让品牌成长。

我有一个朋友，他的家人都住在山上，因为他要读书，所以住在山下，以前，每次爬山都觉得累，他爸爸告诉他，当你知道自己要去哪里时，只要低头走路就好，不要总仰望着那座高山，时机到了，也就达到了目的地。

这和我们写作是一个道理，当我们确立了目标与梦想，每天都努力去做，养成习惯，积累到一定程度，自然也就成功了。

附录一 每一次写作，都可以是深思熟虑的表达

每个人每天都会说很多的话，可有些人却害怕与人交流，尤其是上台演讲的时候，会非常紧张，不过，要是让他们用文字表达出来，往往会比口述效果要好，因为写文字，写下每一句话，都需要有一个深思熟虑的过程。

我不管是对学员进行阿里指导还是新媒体行业写作指导，都会强调文案优化的重要性，讲的话不同，可能带来的生意效果会有很大差别，因为每个公司的产品都不同，一个公司不同的阶段也要有不同的表达。

按摩椅哥有自己的工厂，销售按摩椅，创业初期，他的工厂很小，加上工作忙，他很犹豫要不要宣传欢迎看厂呢？因为很多同行都会这么做，我建议他先做新媒体行业写作，先做销量，不提示看厂。

之后，网络销售做得很好了，工厂也稳定了，我建议他在文案上加上“欢迎看厂”这四个字，后来，他说自己很忙，没有时间接待，订单都排不过来，一个客户上门，一天就过去了，太耽误时间，于是，又将“欢迎看厂”四个字去掉了。因为我们现在可以通过很多方式来更新动态，让别人第一时间看到，比如更新文章、发布朋友圈、发微博等等。

我们进行新媒体行业写作，不仅是传播行业知识，更是从展示到传播、复购、一条龙的流程。因为写作，我认识了一个老板，进入了他的公司，做了准厂长。刚开始还没有形成很多的规章、流程，比如生产车间的油放在哪里，维修机器的螺丝放在哪里，都只有少数人知道，我就在思考如何将其规范化，不仅停留在口头上，还要落实到文字上，不然很容易忘记。

后来，我为厂里制定了很多规章制度，比如确定什么时候开会，开会的内容是什么，甚至每一句话都要仔细推敲，没有问题之后，盖上公章。

我们看一些节目时，若发现优秀主持人有口误会觉得很好笑，其实，我们自己在与人面对面交流时，也会遇到类似情况，比如别人听不清楚我们说

的是什么，我们的表达可能存在着歧义等等。

但当我们将这些内容落实在书面上，就不会出现这种情况，与语音、视频相比，文字更容易修改，而且较为正式。我们进行新媒体行业写作时往往需要一种比较正式的严谨的形式，比如，公司的规章制度、产品介绍、创始人的故事等。

在互联网逐渐完善的时代，诸如网络上的产品信息等等，会有一个诚保认证，需要缴纳一定的保证金，以确保我们说的都能做到，一定是符合事实的描述。因此，在产品涨价降价的时候，往往也需要书面加盖公章说明。

由于新媒体行业写作大多数是与我们的生意、企业管理密不可分的，所以，这是一种正式的、严肃的行为，我们写下的每一句话，都要经过深思熟虑。

附录二
新媒体行业写作，让零碎时间更有价值

每个人都会有很多的零碎时间，比如坐车的时候、等人的时候、午休之前，这些零碎时间可以干什么呢？大多数人习惯性地拿起手机，在刷屏中度过，不知不觉地浪费了很多宝贵的时间。作为一个新媒体行业写作的人，一定要克服有事没事就摆弄手机的习惯，将这些零碎的时间利用起来，让零碎时间更有价值。

我刚开始在阿里上写文章的时候，周一到周五雷打不动地保持每天一篇，有时文章没有被推荐，我会再写一篇，所以，那个时候我的文章几乎每天都会被推荐到首页，不知不觉，坚持了一年，写了好几百篇文章。

我身边的朋友都很疑惑，我每天都写，哪里有那么多素材呢？这都是平时积累的结果，每次和朋友聊天，我都会将有意义的内容记录在手机里，回来之后立马写题目大纲，等到有空闲时间写，就能一气呵成了。还有看书、看别人的贴子时，有好的素材我也会记录下来。

如果不是写文章，我恐怕只会把聊天、看书当成一种消遣，现在却都成

了我写文章的加分项。

记录一个素材，觉得没什么特别，日积月累，记录得多了，思路就会如泉涌，写起文章来就变得信手拈来。其实很多事情都和写文章一样，需要一步步地去做。有一个生产机器的老板，每天都会写有关产品公司的信息，无论有多忙，必发 60 条信息，需要花费差不多一个小时时间。出差在外，实在挤不出时间，他就让老婆代发，总之他就要雷打不动地去做这件事，天天如此，所以，他会有持续不断的订单，生意也一直很红火。所以说，每一项坚持都是有意义的，只不过大多数人坚持不了多久罢了。

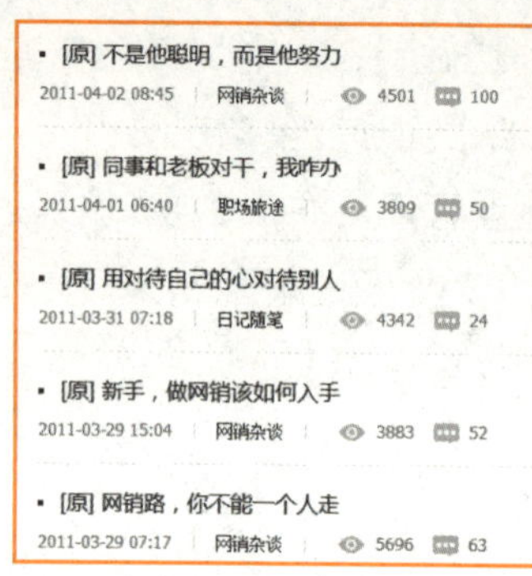

有个女孩曾经非常喜欢看书，大学毕业后，参加了工作，就很少看书了，常常是把书买回来放在那里，便去玩手机了。有一天她在手机里看到一条英语机构打的广告——别人在玩游戏，我们可以学英语。这条广告语触动了她，她开始思考自己是不是也该学一些东西呢？后来无意中加入了我们的群，开始学写作，为了不让别人发现自己在学写作，常常是每天早起写一篇文章，发出去之后，再去上班，也从来没和别人提起过有关写文章的事情，后来，居然有人找她出书了，为了获得更多素材，她利用每天上下班在路上的时间看电子书。两年后，她的图书出版了，公司领导才知道，马上给她更换了职位，现在人家已经是副经理了。

新媒体行业写作也是如此，是一个持续的输入与输出过程，我们要写出好文章，一定要持续地输入，学习更多的东西，才会成长，这与写日记不同，写日记可以像记流水账一样，记录每天发生的事情，而我们要写的是有关行业的内容，当把内容发布出去之后，也就是完成了一次输入与输出的交替。

当我们把自己的文章发表到平台之后，就会有机会认识更多的同行，认识更优秀的人，这些人都是我们学习的榜样。如果一天写 2000 字，一个月就是 6 万字，一年下来就能写 5 本书的字数，那么，10 年呢？

同样都是 24 小时，有些人利用下班的业余时间在成长，有些人却在刷手机，差距就是这样拉开的，所以，我们平时要把每一分钟都利用起来，让零碎时间同样具有价值，这些看上去都是小事，其实都是在为未来加分。

《新媒体行业写作与推广108招》部分众筹名单

感谢大家的支持，因为有些人说不需要广告，纯属支持，所以有些就没有显示，在这里一并表示感谢。下面这些人，大家可以加下他们，我们都可以成为好朋友。

序号	名称	主营	联系方式	宣传语
1	深圳市雨丰科技有限公司	感应灯，橱柜灯，壁灯，无线门铃迎宾器	电话/微信：18306666639	诚信、务实、开拓、创新的雨丰科技
2	云智能王子许立冲	粤之阳PLC，PLC驱动板，养生电器，塑胶制品	电话/微信：13726086068 18925348716	立志解决全人类电技术问题
3	护栏姐武志山	锌钢阳台护栏，热镀锌喷塑护栏，工地护栏网，临边防护，建筑围栏，工地电梯门，金属栏杆等	电话/微信：15137390730 QQ：1084264490	护栏姐：阿里巴巴十大写手
4	模具哥张跃	塑料模具，注塑模具，塑胶模具，模具加工，注塑加工等	电话/微信：15867340265 QQ：1653636825	20多年模具厂家专门定制加工，经验丰富
5	广州兴之荣机械刘平	公司专业生产各种搅拌机、铡草机、饲料粉碎机、揉丝粉碎机、木材粉碎机，饲料颗粒机、搅拌粉碎机，干燥箱、莲子剥壳机、膨化机	电话/微信：15800043051 QQ：1985648089	技术售后，全程服务
6	按摩椅厂家王志强	按摩椅，按摩器，共享按摩椅，办公按摩椅，足疗机，出口按摩椅	电话：0593-6273826 电话/微信：15659966188 QQ：3167770185	提供各种按摩椅定制生产批发销售技术售后一条龙服务
7	天氏韦奇，专业试验箱供应商	恒温恒湿试验箱，高低温试验箱，冷热冲击试验箱等	电话/微信：15995511716	诚信为本，匠心为魄，服务至上
8	金狮子石雕任涛	龙壁，栏板，牌坊，石亭，龙柱，动物石雕	电话/微信：18678730017 QQ：3094536971	秉承石匠心，精琢好口碑

续表

序号	名称	主营	联系方式	宣传语
9	福州喜力德紧固件	钢结构配件，地脚螺栓，镀锌拉杆，10.9级高强度螺丝，各种机械螺丝	电话/微信：18505915358 QQ：1542467046	厂家生产，大量批发，欢迎参观
10	安溪仙第茶叶	生产花草茶，代用茶养生系列产品	电话/微信：13959905089 QQ：2368254868	专注养生茶生产16年，安溪茶乡，世代做茶
11	欣懿美草	青海玉树精品冬虫夏草，诺木洪野生黑枸杞，诺木洪优质红枸杞，高原藜麦等高原特产	电话/QQ：18997249706 微信：wx18997249706	欣懿美草，欣懿的心意，美草的健康！欣懿美草，您贴心的健康管家！欣懿美草，自己生产，源头厂家
12	德化利和陶瓷有限公司	生产陶瓷杯、卡通杯、早餐牛奶杯、泡茶杯、陶瓷白杯、陶瓷茶具、陶瓷台灯、陶瓷香薰灯	电话：13625950955	陶瓷产业带，自有工厂。支持来图来样定制
13	向日葵工作室	画册、海报、书籍装帧、包装、LOGO、企业VI、展板、宣传DM单、价目表、点餐单、图案设计、网页设计、摄影P图、名片及其他相关的平面设计	电话/微信：13276042926 QQ：30915840	优秀的设计帮助客户价值最大化
14	陈仁波视频策划	商业视频策划、拍摄、剪辑	电话：13605941949 微信/QQ：872831133	有一种格局叫5G时代，视频为王
15	中山工程LED平板灯厂家陈立芝	LED侧发光、底发光、非标定制平板灯	电话/微信：15876795792	源头工厂，定制厂家，品质好服务优
16	美思奇印刷机械设备	移印机，丝印机，平面丝印机，曲面丝印机，印刷材料	电话/微信：13573845081 QQ：191219010/691313542	印刷机械设备品牌供应商，提供优质售后服务
17	义乌市秋咏日用品厂	PEVA浴帘，PE桌布，XPE立体环保墙贴，XPE儿童爬爬垫	电话/微信/QQ：15967972227	秋咏，外贸厂家，工厂定制。做高品质的家居用品

续表

序号	名称	主营	联系方式	宣传语
18	塑料周转箱铁箱厉微	生产销售各种规格的塑料周转箱筐、铁皮周转箱、塑料托盘、塑料垃圾桶	电话/微信：15857402290 QQ：2028862156	20年实体经验，用心解决仓库周转的一切问题
19	游承超	花瑶竹酒，花瑶人家特色农产品专家	电话/微信/QQ：13249095666	旗下花瑶竹酒一直致力竹酒的研发与推广，花瑶竹酒是竹酒行业的优秀品牌，CCTV上榜品牌
20	宁波市澜海窗帘工厂	专业制造、加工各种窗帘、卷帘、百叶帘、柔纱帘、蜂巢帘、百折帘等	电话：18505888927 QQ：786981261 微信：w786981261	18年生产研发经验，专注窗帘定制加工，专业OEM/ODM/OBM代加工服务
21	深圳市瑞顺脚垫生产厂家	EVA脚垫,橡胶脚垫，硅胶脚垫，智能手环，PC视窗镜片，导电布，导电泡棉	电话/微信/QQ：18923707292 QQ：3120746891	厂家直销，外贸工厂，支持定制,做专业的脚垫产品
22	角梳姐王艳	各类牛羊角梳、刮痧板、拨筋棒、不求人等	电话/微信：15060077447 QQ：2749281733	礼信牛羊角制品加工厂，秉承“以礼待客，以信兴业”家训，传承福州角梳文化
23	窗帘墙布生产厂家柯桥王建春	家装窗帘布，工程窗帘布，定制加工成品窗帘、家装墙布、工程墙布等	电话/微信：13216770222 QQ：2734579301	厂家批发，定制加工。美帘美墙，只为家更暖心
24	盘洁英	护肤品和瘦身产品	电话：15258873000	帮助10000名女性，又瘦又美又有钱
25	创智赢家品牌策划设计机构	包装设计、VI设计、标志设计、线上店铺装修设计、画册设计、食品包装设计、产品图案设计、礼品盒礼品袋设计、文具包装设计、本册封面设计、袜子包装设计、内衣包装设计	电话/微信：15857923030 QQ：1552252728	12年设计经验，拥有专业设计团队，让创意提升您的品牌核心价值

后记

丰富行业知识，成为行业专家，成就行业品牌

本书的主题是新媒体行业写作，本书的核心是丰富行业知识，成为行业专家，成就行业品牌，接下来，我要和大家谈三点内容：

1. 丰富行业知识

无论是做网络营销，还是做产品品牌，其实质都是在做内容，包括文字、声音、图片、视频，还有代码，我们从小就接触文字，所以创作起来最容易，而且文字传播速度最快。

在网络上创作内容，一定要对别人有帮助，才能广泛传播，才能获得更好的位置，更多的流量，无论是大平台，还是个人，都喜欢有价值的文字。我们在网络上做生意，文章就一定要对客户、用户、同行有帮助，当然，我们不可能行行精通，只需要专注自己的行业即可。

进行新媒体行业写作最主要的工作就是丰富行业知识，在行业里脱颖而出，随之，才能做好销售，拥有更多订单。在这个过程中，我们要不断学习与成长，帮助用户、客户、经销商、同行，推动行业进步、产业升级，同时也会成就我们自己，推动个人 IP、企业品牌的建立。

2. 成为行业专家

新媒体行业写作的一个目标便是成为行业专家，行业专家的标配为行业内容 + 订单 + 客户，我们写作不仅仅是为了抒发心情，更是为了丰富行业知识，帮助行业里更多的人，而这需要更专业的素材，素材从哪里来？从订单中来，从客户中来。

这是与其他写作的不同之处，我们有方法、有技巧，更强调在写作的过程中创造利润，有梦想，要走出去，要养成习惯，还要获得大平台的认证、加标，成为真正的专家。

在一个行业里，专家能够脱颖而出的机会很大，从而也就自然而然地带动行业发展，站在创新的最前沿。本书就是以成为专家为切入点，只有当我们努力地成为专家，拥有很多资源与客户后，才能带动企业成为行业里的领军者。

3. 成就行业品牌

本书一直强调品牌的重要性，品牌具有唯一性，所以能够被人们认识、记住，而且品牌可以一直积累，多写一篇文章，多发一张图片，都是在积累品牌。打造出一个知名品牌，意味着我们的很多产品都可以畅销。

为什么要做品牌？因为品牌的传播效率高，简单方便，看到一个 logo，或者品牌名，我们就可以记住它，无须每次都把产品展示出来，无须每次都投入大量的精力去推广营销。

要做企业品牌，首先要以个人品牌、个人 IP 为切入点，因为与企业品牌相比，个人品牌更具优势，它可以移动，可以交流，可以表达自己的观点，成为很多人的榜样，还能获取独一无二的资源，比如上台演讲、接受采访等，当我们建立起了个人品牌，再用个人品牌去带动企业品牌，其效率会快上几十倍。

打造品牌，先要让我们的品牌在行业里做大做好，让客户认可我们的产品，可是我们去哪里找客户呢？不需要主动去寻找，我们只需打造精品内容即可，当客户采购时就会来找我们，只要我们有更多的客户与订单，品牌就会慢慢建立起来。

所以，要打造个人品牌、企业品牌，我们只要脚踏实地地做内容，努力做营销即可，我们不需要让全世界的人都知道我们，只要在行业里有一定的知名度即可。

对于很多人来说，新媒体行业写作是一种较新的写作方法，我希望有更多的写作者、更多的行业人都参与到其中来，在写作的过程中学习、收获、成长。

丰富行业知识，成为行业专家，成就行业品牌，这是新媒体行业写作的三个核心点，也是打造个人 IP、企业品牌的三个步骤，先要去学习，先做配角，将核心知识内化，然后分享出来，逐渐带来订单与客户，建立自己的品牌，从个人品牌切入，最终建设企业品牌，推动行业发展。

如果你想打造个人 IP，想做企业品牌，想做内容营销，不妨看看这本书，我的很多学员都写了很多年的文章，收获很大，期待你的加入，如果你对我的观点有异议，或者你有更好的建议，欢迎加我的微信 /QQ：838504315，一起交流，共同成长。

陈志红

2019 年 8 月 6 日